Ralph Metzner

Die Erweiterung des Bewusstseins

NACHTSCHATTEN VERLAG

Ralph Metzner

Die Erweiterung des Bewusstseins

Albert Hofmann, LSD und die Suche nach dem alchemistischen Stein der Weisen

Erweiterungen des kollektiven Bewusstseins seit dem Ende des Zweiten Weltkrieges

Aus der Buchreihe: Ökologie des Bewusstseins

NACHTSCHATTEN VERLAG

Impressum

Verlegt durch:

NACHTSCHATTEN VERLAG AG
Kronengasse 11 • CH-4500 Solothurn
Tel: 00 41/32/621 89 49 • Fax: 00 41/32/621 89 47
info@nachtschatten.ch • www.nachtschatten.ch

2. Auflage 2017

Übersetzung: Mathias Bröckers, Berlin
Grafische Gestaltung: Angela Wirtz, Hannover
Lektorat: Erick van Soest, Solothurn

Druck: Scandinavianbook.de, Bremen
Printed in Denmark
ISBN 978-3-03788-162-0

Titel der Originalausgabe: *The Expansion of Consciousness*

- Albert Hofmann, LSD and the Quest for the Philosophers' Stone*)
- Expansions of Collective Consciousness: A short history since the End of WWII

Aus der Serie Ecology of Consciousness. Pupliziert von der Green Earth Foundation, El Verano, Californien, USA, www.greenearthfound.org
Der Verlag dankt der Green Earth Foundation für die finanzielle Unterstützung!

*) dieser Artikel erschien 2006 in einer Lizenzausgabe im AT-Verlag unter dem Titel Albert Hofmann und die Entdeckung des LSD (Hrsg. M. Bröckers, R. Liggenstorfer)

Inhaltsverzeichnis

Danksagungen

Die in diesem Band vereinigten zwei Essays wurden zuerst als Vorträge anlässlich eines internationalen Symposiums in Basel zum hundertsten Geburtstags von Albert Hofmann im Januar 2006 gehalten.

Ich bin den Organisatoren der „Gaia Media"-Stiftung Dieter Hagenbach, Lucius Werthmüller und Michael Gasser sehr dankbar für ihre Einladung, an dieser vorzüglich organisierten Konferenz teilnehmen zu dürfen. Dank gebührt auch Roger Liggenstorfer vom Nachtschatten Verlag in Solothurn und Herausgeber des Symposium-Buchs *Albert Hofmann und die Entdeckung des LSD,* welches meinen Hofmann-Essay enthält; und ebenso verpflichtet bin ich Mathias Broeckers, dem Mitherausgeber des Symposium-Buchs: Mathias übersetzte den Essay ins Deutsche.

Ralph Metzner, Albert Hofmann, Roger Liggenstorfer – 2006

Vielen Dank also an Roger, der die Anregung gab, beide Essays in einem separaten Büchlein zu vereinigen; und auch an Mathias Bröckers, Berliner Journalist und Autor, der in anregender Konversation zu den Ideen des zweiten Essays beitrug.

Ich zog Nutzen aus mehreren Diskussionen dieser Essays, wofür ich tief dankbar bin. Michael Flanagin, langjähriger Student des Werkes von C.G. Jung, gab mir detaillierte und feine Anmerkungen zum ersten Essay, was mein Verständnis für C.G. Jungs Konzept der „transzendenten Funktion" wesentlich klärte.

Micah und Paul, praktizierende Laborchemiker der „Al-Kemi company", Hersteller von spagyrischen Medizineien, unterstützten mich in meiner Ansicht von der inneren Abhängigkeit der materiellen und psychischen Aspekte der Alchemie.

Ebenso befand ich mich in der günstigen Lage, auch die Ideen des zweiten Essays, der die Transformationen des kollektiven Bewusstseins zum Inhalt hat, mit den langjährigen Freunden und Kollegen Stanislaf Grof und Richard Tarnas zu diskutieren.

Das bahnbrechende Buch von Tarnas *Cosmos and Psyche,* das von den archetypischen planetarischen Konstellationen bei historischen Transformationen handelt, erschien im Frühling des Jahres 2006. Während ich meinen Essay verfasste – gedanklich von einem völlig anderen transformativen Modell geleitet –, war ich förmlich erschüttert, als ich in seinen Schriften Bestätigungen und Ausweitungen der Dynamik von sozialen Veränderungen fand. Deswegen habe ich einige besonders markante Bezüge der archetypischen planetarischen Muster, die mit Bewegungen des kollektiven Bewusstseins korrelieren, in meinem zweiten Essay aufgenommen.

Leser, die sich eine tieferen und detaillierteren Einblick von Tarnas Konzept zu beschaffen wünschen, seien auf sein Buch *Cosmos and Psyche* verwiesen, das ein wahres Schatzhaus für Einsichten und Bildung darstellt.

Albert Hofmann, LSD und die Suche nach dem alchemistischen Stein der Weisen

Alchemie, entstanden aus dem Schamanismus, ist die alte Kunst und Wissenschaft der elementaren Transformation. Der Religionshistoriker Mircea Eliade stellte in seinem Buch *The Forge and the Crucible* (1962) („Schmiede und Alchemisten“, 1980) fest, dass die Alchemie historisch aus der Arbeit schamanistischer Bergleute, Schmiede und Metallurgen erwuchs. Sie waren die Meister des Feuers, die wussten wie man Metalle (wie Kupfer, Zinn, Eisen, Gold, Silber) aus dem Stein extrahiert, sie zu Legierungen wie Bronze vereinigt, Werkzeuge (wie Äxte, Hämmer oder Pflüge), Waffen (wie Speere, Schwerte, Dolche, Schilder) und Schmuck (wie Halsketten, Armbänder, Kronen, Ringe) daraus macht. In der archaischen und klassischen Periode wurde das Wissen über die Metallherstellung wegen ihres ersichtlichen engen Zusammenhangs mit Macht und Reichtum geheim gehalten und in den Handwerkergilden nur von Meister an Lehrling weitergegeben. Den gewöhnlichen Menschen erschienen diese Techniken als magisch, denn sie schienen mit einer unerklärlichen Meisterschaft über die Naturgewalten verbunden. Das Handwerk des Mauerns, das mineralische Steine benutzte, und der Medizin, das mineralische und botanische Extrakte zum Heilen benutzt (sowohl als auch metallene Instrumente in der Chirurgie), waren ähnliche Geheimgesellschaften. Alle diese drei Bewegungen entwickelten esoterische oder innere Komponenten, die sich mit den Praktiken der psychischen und spirituellen Selbst-Transformation befassten.

Es ist ein weitverbreitetes Missverständnis, dass es in der Alchemie ausschliesslich und hauptsächlich um die Verwandlung von unedlen Metallen in Gold gehen würde. Tatsächlich machen die alchemistischen Schriften aber klar, dass der zentrale Fokus der alchemistischen Praxis das Heilen war und das, was wir heute Psychotherapie nennen: die Umwandlung der physischen und psychischen Beschaffenheit des menschlichen Wesens – beginnend bei sich selbst. Das Weltbild der archaischen und klassischen Zeit war holistisch – die physischen, psychischen, spirituellen und kosmischen Dimensionen des Lebens wurden in ihrer Ganzheit gesehen und nicht als separate Felder. Insofern kann die Alchemie als eine besondere Entwicklung der aus der Altsteinzeit stammenden schamanistischen Tradition des Heilens und der Transformation gesehen werden. Die Schamanen verfügten über spezialisierte Kenntnisse von Pflanzen und Mineralien einschliesslich der Kristalle und von dem geheimen Initiationswissen der spirituellen Dimension. Sie verhandelten für ihre Klienten mit den normalerweise unzugänglichen Geistern der Natur und der Ahnen.

Paracelsus, 1493 – 1541

Alchemisten arbeiteten wie die Schamanen mit Geistern, besonders mit den Geistern der Elemente (Luft, Feuer, Erde, Wasser) und bestimmten Gottheiten (Hephaestos bei den Griechen, Vulcanus bei den Römern), die als Führer und Lehrer der Bergleute und Schmiede galten. Der grosse alchemistische Meister des 16. Jahrhunderts, Paracelsus, identifizierte und benannte die mit den vier Elementen assoziierten Geister: die Geister der Luft wurden Elfen genannt, die Wassergeister Undinen, die Erdgeister Gnome und die Feuergeister Salamander. In der germanisch-nordischen Mythologie hatten die Geister des Steins, Metalls und Feuers den Namen Schwarzalben oder Zwerge. Ihre Heimat, Schwarzalfheim genannt, war unterirdisch, in den Steinen, Felsen und Bergen. Wie die Riesen, die Geister grosser natürlicher Gebiete wie Gebirgszüge, Wälder, Flüsse und Ströme, waren die Schwarzalben gegenüber den Menschen weder wohlmeinend noch übelwollend. Sie folgten ihrer eigenen Agenda und galten, was das Wohlergehen und Überleben der Menschen betrifft, als neutral. Aber die Menschen konnten mit ihnen kommunizieren und von ihnen lernen, wenn sie die Zugangscodes zu ihnen hatten. Deshalb sagte man den Menschen, die als Bergleute oder Schmiede arbeiteten und Waffen, Werkzeuge und Schmuck herstellten, nach, dass sie tatsächlich von den Steingeistern, den Schwarzalben, inspiriert und belehrt wurden.

Die Mythen von Odin/Wotan, des Wissen suchenden Gottes der Schamanen und Krieger, erzählen, wie er die Welten durchwandert und Fragen stellt – an Götter, Göttinnen, Elfen, Riesen, Menschen und Zwergen und sogar an die Toten. Eines der Gedichte der Edda bezieht sich auf ein Gespräch zwischen dem Donnergott Thor und dem sehr klugen Zwerg Allwiss, dem „Allwissenden", der Thors Tochter heiraten möchte. Thor, der den Freier seiner Tochter testen und entmutigen möchte, stellt ihm eine Reihe immer schwierigerer linguistischer Rätsel, die der kluge Zwerg alle erfolgreich löst, bis er vom Licht des Tages überwältigt wird. Mir scheint das mythische Bild der moralisch neutralen Geister des Metalls und des Steins suggestiv, vor allem im Hinblick auf die moralisch fragwürdige Natur vieler Technologien, die die moderne Wissenschaft auf der Erde entfesselt hat.

Wir können in diesen alten mythischen Vorstellungen das Verständnis des Prinzips sehen, nach dem das Wissen über natürliche Kräfte und Werkzeuge moralisch neutral ist: sie können für das Heilen und die Kreativität verwendet werden, im Dienste des Göttlichen und des Lebens; aber wenn sie zur persönlichen Überhöhung, Herrschaft und Bereicherung auf Kosten anderer verwendet werden, werden sie zu Zauberei, schwarzer Magie, zur „dunklen Seite". Schamanen, Alchemisten, Zauberer und Hexen, moderne Ärzte oder moderne Wissenschaftler, die mit ihrem Wissen und ihrer Macht, ihren Kenntnissen der Geister der Natur, anderen dienen und sie heilen, tragen zum Wohlstand der Gemeinschaft und Gesellschaft bei. Diejenigen, die ihr Wissen und ihre Macht zur Anhäufung von Reichtum und Macht über andere benutzen, dienen nur sich selbst oder einer bestimmten Gruppe, nicht dem Ganzen.

Der Schamanismus der Altsteinzeit entwickelte die Kenntnisse und die Methoden heilender Transformation durch den Zugang zu den verborgenen geistigen Kräften hinter oder innerhalb der sie umgebenden natürlichen Welt. Die ägyptischen und griechisch-römischen Zivilisationen setzten diese steinzeitlichen Praktiken und Wissenschaften fort und erweiterten sie: als empirisch überprüfte Technologien der physio-psychisch-spirituellen Transformation. In Indien mündeten diese transformativen Tätigkeiten von Schamanen und Alchemisten in die psycho-spirituelle Praxis des Yoga. In seinem Buch *Yoga – Immortality and Freedom* (1969) (Yoga, 1985) zeigte Mircea Eliade, dass Yoga sich mit Praktiken beschäftigt, die das Bewusstsein von der Gebundenheit an die materielle Sinneswelt befreien; das wurde *Der Weg der Befreiung* (mukti) genannt.

Auch in der yogischen Heiltradition Indiens, die als Ayurveda bekannt ist, gibt es alchemistische Texte, die von der Nutzung medizinischer und psychoaktiver Pflanzen, mineralischer Substanzen oder Pilze handeln. Ein zentrales Konzept des alchemistischen tantrischen Yoga war rasa, was soviel bedeutet wie „Essenz", „Tinktur", „Gefühl" und „Geschmack". Dieser Zweig der Yogatradition wird rasayana genannt, „Der Weg (yana) der Essenz".

Im chinesischen Taoismus ist die Alchemie ebenso bekannt. Hier ist sie ein integraler Bestandteil der taoistischen Vertiefung in Langlebigkeit („Unsterblichkeit" genannt) und den Yogatechniken der Zirkulation sexueller Energien zur Regeneration. Es scheint, dass in den indischen und chinesischen Traditionen die physischen, psychischen und spirituellen Aspekte der tranformativen Arbeit mehr oder weniger verbunden blieben, obwohl einige Unterzweige sich mehr auf den einen oder den anderen Aspekt konzentrieren (z.B. hatha yoga auf den physischen, bhakti yoga auf den emotionalen Aspekt.) Im Westen liegt der Ursprung dieser alchemistischen Praktiken elementarer menschlicher Transformation in Ägypten und wurde in der klassischen Periode über die hellenistischen und arabischen Länder verbreitet und blühte bis ins Mittelalter im christlichen Europa.

Das Wort „Alchemie", die Wurzel des Worts „Chemie", kommt vom arabischen al-kimiya – „die Wissenschaft des Schwarzerde-Lands". Kam, oder Kem, „Schwarze Erde", war der Name der alten Ägypter für ihr Land und bezog sich auf die sehr fruchtbare schwarze Erde entlang des Nils nach den saisonalen Überschwemmungen. Das war das Land der Schwarzen Göttin (Nut, Isis, oder Hathor), die sich zur Schwarzen Madonna der christlichen Zeit wandelte. Das Wort „Chemie" verweist also auf den ägyptischen Ursprung der Alchemie. In ihrer grössten Blüte verkörperte die alte ägyptische Zivilisation, die tatsächlich von einer noch älteren atlantischen oder sogar ausserirdischen Zivilisation gegründet worden sein könnte, eine vollkommen integrierte wissenschaftliche, religiöse und künstlerische Weltanschauung. In den Worten des berühmten Ägyptologen Schwaller de Lubicz war das eine heilige Wissenschaft.

In der hellenistischen Periode stieg der Gott Hermes, der bei den Ägyptern Thoth oder Djehuti und bei den Römern Mercurius hiess, zur Hauptgottheit und zum geistigen Führer der alchemistischen Transformationsarbeit auf. Thoth war der Wissenschaftler, Schreiber und Archivar unter den Göttern. Hermes/Merkur war der göttliche Bote, der für den Wissenstransfer zwischen göttlicher und der menschlichen Welt sorgte – und somit für die Praxis der Divination. Das Metall Merkur, auch Quecksilber genannt wegen seiner sehr beweglichen und flüssigen Eigenschaften, wurde symbolisch mit Bewusstsein oder Geist in Verbindung gebracht. Wie Quecksilber kann der menschliche Geist schwer fassbar hin und her gleiten und schlittern; aber ebenso auch in glänzender Brillanz leuchten. Zusätzlich zu dem Gott Hermes gab es noch einen legendären, sehr fortgeschrittenen menschlichen spirituellen Lehrer, der Hermes Trismegistos („Dreifach Grosser Hermes“) genannt wurde. Die Bezeichnung „Dreifach Grosser“ bezieht sich möglicherweise auf die drei Phasen der Manifestation dieses göttlichen Wesens – als Jugendlicher, als Mann und als Greis, analog zum mythischen Bild der Dreifachen Göttin als Mädchen, Mutter und Greisin. Dieser Hermes als Lehrer und Eingeweihter initiierte eine ganze Schule des Geheimwissens der Selbsttransformation, die das Herz der europäischen Alchemie bildete und als hermetische Tradition bekannt wurde. Ein Teil dieser Tradition beschäftigte sich mit der Transformation physischer Materie, dem Herstellen von Werkzeugen oder Medizin, sein esoterischer und mystischer Kern ist die Praxis der psycho-spirituellen Selbsttransformation. Die wichtigsten der Werkzeuge, einschliesslich der Tinkturen aus Pflanzen, Pilzen oder Mineralien sowie der passenden Instrumente, waren diejenigen, die zur Praxis der Bewusstseinstransformation beitrugen.

Dreifacher Hermes (aus dem alchemistischen Text von Lambsprinck, 1625)

Die Geheimhaltung der Texte in diesem Bereich war so tiefgehend, dass der Begriff „hermetisch verschlossen“ bis heute eine symbolische Bezeichnung für absolute Geheimhaltung darstellt. Die Lehren dieser Schule waren nicht willkürlich geheim oder, wie bisweilen angenommen wird, aus Gründen der Macht und Kontrolle. Vielmehr waren sie aus demselben Grund geheim, wie esoterische

Praktiken von Yogis oder Schamanen geheim gehalten wurden, weil ihr von Gier oder Machtwille motivierter Missbrauch schlimme Konsequenzen haben kann. Später, während des europäischen Mittelalters, mussten diese Praktiken, wie die schamanistische Hexerei, wegen der Herrschaft der katholischen Kirche und der Inquisition geheim gehalten werden. Wegen der grossen Gefahr der Verfolgung wurden Texte in symbolischen Codes geschrieben und illustriert, die nur eingeweihten Studenten zugänglich gemacht und weitergegeben wurden. Doch im Lauf der Zeit gingen die Schlüssel dieser Codes grösstenteils verloren und die Texte wurden zunehmend entstellt und unverständlich.

Unter dem Druck des ideologischen Verfolgungseifers der katholischen Kirche über mehrere Jahrhunderte, teilte sich die hermetische Tradition in Europa im 16./17. Jahrhundert, dem Beginn des Paradigmas materialistischer Wissenschaft, im Wesentlichen in zwei Bereiche auf: der eine Zweig wurde das, was wir in der modernen Zeit „Chemie" nennen – präzise, experimentelle Erforschungen des transformatorischen Prozesses auf der molekularen Ebene, aber ohne Einbeziehung der möglichen Beziehung des molekularen Prozesses mit der Welt des Geistes und der höheren Zustände des Bewusstseins und des Wissens. Der andere Teil der Tradition splitterte ab und wurde zum „Okkulten" („Verborgenen"), wie wir es nennen. Ein ähnliches Schisma erlebte die alte holistische Wissenschaft der Astrologie, mit einem Zweig der sich als wissenschaftliche Astronomie abteilte, und einem anderen, der als „Aberglaube" in den kulturellen Untergrund verwiesen wurde. Es ist interessant, daran zu erinnern, dass zwei der Gründungsväter des wissenschaftlichen Weltbildes – Isaac Newton und Johannes Kepler – ihrerseits ernsthafte Studenten dieser geheimen esoterischen Wissenschaften waren. Newton verbrachte 17 Jahre mit der Erforschung alchemistischer Texte und der Durchführung alchemistischer

Carl Gustav Jung, 1875 - 1961

Experimente in seinem Labor, bevor er die Gesetze der Mechanik, die ihn berühmt machten, formulierte. Kepler lieferte wichtige Beiträge zur Astrologie, stellte für Prinzen und Regenten gelegentlich Horoskope und verfolgte seine Forschungen über die Himmelsbahnen der Planeten in dem Glauben an die grundlegende „Harmonien des Kosmos“ (so der Titel seines Hauptwerks).

Es blieb C.G. Jung und seinen Nachfolgern im 20. Jahrhundert überlassen, die verlorene Sprache der Alchemie wiederzufinden und sie neu zu interpretieren: in ihrer Beziehung zur psycho-spirituellen Transformation in symbolischen und imaginären Prozessen. Vier der etwa zwanzig Bücher von Jungs „Gesammelten Werken“ sind essentielle alchemistische Texte: *Psychologie und Alchemie, Alchemistische Studien, Aion* und *Mysterium Coniunctionis.* In diesen Büchern interpretiert Jung das Opus oder Werk der Alchemie als Prozess der Individuation, die sich zur Ganzheit bewegt; das alchemistische Gefäss oder *Athanor* ist die Psyche, in der diese transformativen Prozesse stattfinden. Aus meinen Studien des alchemistischen Yoga, der Arbeit mit Licht-Feuer-Energien, würde ich nur noch hinzufügen, dass das alchemistische Gefäss auch in seinem Zusammenhang mit dem physischen Körper und dem subtilen Energie-Feld verstanden werden sollte, nicht allein als die mental-emotionale Psyche – mit anderen Worten: als die gesamte Reihe sich aufeinander beziehender Energiesysteme, aus denen das menschliche Wesen besteht. Die menschlichen Energiesysteme, die man sich auch als „Persönlichkeits-Systeme“ vorstellen kann, sind das vielschichtige Gefäss oder der Behälter, die Körper oder Hüllen (koshas im Yoga) der unsterblichen Seele, des Geistes, der Essenz.

Die esoterischen Lehren des Westens stimmen darin überein, dass es vier mittlere oder Persönlichkeitsebenen gibt oder vier Körper von unterschiedlicher Dichte und Vibrationsfrequenz. Der physische Körper (in der Yogatradition die „aus Nahrung gemachte Hülle“ genannt) ist der schwerste und dichteste; und nach der Reihenfolge der abnehmenden Dichte und der steigenden Schwingungsfrequenz sind die anderen „Körper“ der wahrnehmende (oder ätherische), der emotionale (oder astrale oder psychische) und der mentale (oder noetische). „Über“ der mentalen Ebene sind drei oder vier transpersonale Ebenen der Seele und des Geistes („über“ bezieht sich auf die Schwingungsrate, nicht auf den Raum). Rudolf Steiner spricht in diesem Zusammenhang von drei persönlichen Ebenen der Seele: Verstandesseele, Gefühlsseele, und Wahrnehmungsseele. In

Jungs Psychologie sind diese Lehren in seine Typologie der vier Funktionen eingegangen: Denken, Fühlen, Intuition und Empfindung, die sich in Individuen unterschiedlichen Typs verschieden entwickeln können.

Auch wenn die Bezeichnungen in verschiedenen esoterischen Texten variieren mögen, sind sie im Allgemeinen in der Ansicht einig, dass diese vier Ebenen des menschlichen Wesens symbolisch verbunden sind und in harmonischer Resonanz mit den vier Elementen als Zustände der Materie stehen. Das Element LUFT bezieht sich auf den Gaszustand der Materie, auf den Atem und das Atmen, und korrespondiert mit dem Mentalkörper und der Denkfunktion. Das Element WASSER bezieht sich auf Flüssigkeiten jeder Art, wie die Flüssigkeiten des Körpers (Wasser, Blut, Lymphe, Hormone), und korrespondiert mit dem Emotionalkörper und der Funktion des Fühlens. Das Element FEUER bezieht sich auf Energie und Strahlungen aller Art, die elektro-magnetischen Energiefelder des menschlichen Nervensystems, und korrespondiert mit dem Wahrnehmungskörper und der Funktion der Intuition. Das Element ERDE bezieht sich auf alle festen Substanzen, wie Fleisch und Knochen des physischen Körpers, und korrespondiert mit der Funktion der Empfindung in der Jung'schen Terminologie.

Eine kurze Überlegung lässt einen sehen, wie die gashaften, flüssigen, elektromagnetischen und festen Elemente des menschlichen Körpers und die damit in symbolischer Resonanz stehenden Ebenen der Persönlichkeit sich immer in verschiedenen Phasen des Ineinanderübergehens befinden. Gedanken lösen Gefühle aus, Wahrnehmungen stiften Gedanken und Verhalten an und so weiter – wie sich Feststoffe in Flüssigkeiten lösen (die alchemistische *solutio*) oder Flüssigkeiten zu fester Materie werden (das alchemistische coagulatio). Die bewusste Teilnahme an diesen elementaren Transformationen mit dem Ziel eines gesünderen, harmonischeren und integrierteren Funktionierens ist also die alchemistische spirituelle Praxis: das Opus. Eine traditionelle Definition des alchemistischen Opus ist die, dass es sich hier um eine Vermählung des Subtilen und des Dichten handelt: die Integration der subtilen spirituellen Energien mit dem materiellen Körper, der dichtesten Form. Auch das alchemistische Motto *solve et coagula* kann in diesen Begriffen verstanden werden: wir sollten die verhärteten, Abwehrstrukturen (des Körpers, der Wahrnehmung, des Gefühls und des Denkens) auflösen, sodass der Geist, die Essenz, befreit werden kann; und wir sollten die Energieflüsse der subtilen Hochfrequenz-Dimensionen in den materiellen Körper gerinnen lassen – ein Prozess, der auch als Verkörperung bezeichnet wird.

Wenn man die Spuren der Alchemie bis zur schamanistischen Wissenssuche zurückverfolgt, taucht die Frage auf, was mit dem Verständnis und der Praxis veränderter Bewusstseinszustände geschehen ist – die „schamanische Reise", um Heilwissen und Macht zu erwerben, die der zentrale technische Prozess des Schamanismus ist. Wir müssen uns daran erinnern, dass die schamanischen Praktiken aus den Gesellschaften von Jägern und Sammlern erwuchsen, besonders unter Jägern, die in engem Kontakt mit Tieren standen. Die Geister der Tiere, sowohl die gejagt werden als auch die jagenden Raubtiere, werden von den Schamanen als Verbündete oder Krafttiere angesehen. Deshalb ist die „Reise" – auf einem Tier reitend oder in ein Tier verwandelt – die natürliche Metapher für die innere Suche nach Erkenntnis oder Heilung im klaren Trancezustand.

Solche schamanistischen Reisen werden typischerweise durch rhythmisches Trommeln erzeugt, wie in Sibirien oder bei anderen Stammesgesellschaften der nördlichen Hemisphäre, oder durch die Einnahme psychoaktiver Pflanzenextrakte, die von rhythmischen Gesängen begleitet werden, wie bei den Zeremonien mit Peyote, dem Psilocybin-Pilz oder Ayhuasca.

Die ersten Alchemisten dagegen waren Handwerker (sie nannten sich selbst auch Künstler) im Bergbau oder im Schmieden und lebten in Dörfern oder Städten. Sie waren ausserdem Heilpraktiker, die Mineralien, Kräuter und Pilze benutzten. Ihr bevorzugter Begriff für ihre Arbeit der Selbst-Transformation war deshalb „Opus" – das „Werk" oder die „Kunst". Ihr Interesse galt der lang andauernden Transformation der Gesamtheit des menschlichen Wesens. Die verschiedenen Operationen des alchemistischen Werks sind Metaphern für den bewussten Prozess der Selbst-Transformation auf der kognitiven, emotionalen, Wahrnehmungs- und körperlichen Ebene. Zum Beispiel: die *solutio* genannte Operation wird in der alchemistischen Literatur durch einen Mann in einem heissen Badezuber dargestellt – das ist eine Metapher für das Auflösen der physio-psychischen Panzerungen und der defensiven Strukturen, die das Fliessen der Lebensenergie entstellen und behindern. Die Reinigung von Substanzen mit Feuer oder Hitze (*purificatio* genannt) ist die Metapher für die Verfeinerung des Denkens und der Wahrnehmung mittels der Methoden des yogischen „inneren Feuers". Die Operation, genannt *separatio,* war der analytische Prozess komplexe

Solutio im alchemistischen Gefäss

Coniunctio in ERDE, WASSER und LUFT (beide Bilder aus ‚Rosarium Philosophorum', 16. Jahrhundert)

Figuren in ihre Einzelbestandteile zu trennen. C.G. Jung pflegte zu sagen, dass wir uns mit dem Inhalt des Unbewussten auseinandersetzen müssen – das ist also die *separatio.* Die Operation der coniunctio, der Vereinigung von Sonne und Mond, König und Königin, dem Jung sein umfangreichstes Buch widmete, ist die Metapher für die Integration der männlichen und weiblichen Energien, animus und anima, innerhalb der Psyche. Der Jung'sche Psychotherapeut Edward Edinger bietet in seinem Buch *Anatomy of the Psyche* (1985) einsichtsreiche psychologische Interpretationen und symbolische Ausarbeitungen dieser und anderer alchemistischer Operationen an, darunter *calcinatio, coagulatio, mortificatio, purificatio, solutio, sublimatio, separatio* und *coniunctio.*

Es ist das grosse Verdienst von Jungs Werk, die alchemistische Weisheit von ihrem Untergrundstatus als verachteter Aberglaube rehabilitiert und sie als bevorzugte symbolische Sprache der analytischen Tiefenpsychologie reformuliert zu haben. Jungs Schriften zielten darauf, die Realität psychologischer Phänomene und Prozesse zu begründen – gegen die kategorischen Wahrheitsbehauptungen der materialistischen und behavioristischen Psychologie in der ersten Hälfte des 20. Jahrhunderts. Seine Psychologie öffnete auch den Raum für die Akzeptanz und Einbeziehung religiöser Bildwelten – die des Ostens und die des Westens – einschliesslich des Yoga, Buddhismus und chinesischen Taoismus.

Es blieb einem anderen Schweizer Wissenschaftler des 20. Jahrhunderts, Albert Hofmann (einem Basler, während Jung ein Zürcher war) überlassen, die Psychologie wieder mit dem materiellen Element der holistischen alchemistischen Tradition zu verbinden. Mit der Entdeckung psychoaktiver oder psychedelischer („geist-offenbarender") Drogen – oder vielleicht sollten wir besser Wiederentdeckung sagen, da es belegt ist, dass sie schon in alter Zeit bekannt waren – hat sich für die westliche Tradition des heilenden und spirituellen Wissens wieder der volle Kreis geschlossen, nach den Umwegen durch das theokratische Dogma und die reduktionistische Wissenschaft. Ziel und Praxis der hermetischen alchemistischen Tradition ist nach wie vor, die vollständige Transformation des Individuums: der physischen, wahrnehmenden, emotionalen, mentalen und spirituellen Aspekte in eine integrierte Ganzheit. Jung nannte diesen Prozess Individuation – das Werden eines ungeteilten ganzen Selbst. Die symbolische Sprache der mittelalterlichen Alchemisten nannte diesen Prozess die Suche nach dem Stein der Weisen, dem *lapis philosophorum.*

Um die Bedeutung psychedelischer Substanzen für die alchemistische Arbeit ganzheitlicher Selbst-Transformation zu verstehen, müssen wir uns nur an die Forschungsstudien erinnern, in denen die erleichternde Wirkung dieser Substanzen gezeigt wurde. Bei a) Psychotherapie neurotischer, psychosomatischer und suchtbedingter Krankheiten; b) Kreativität und Problemlösungen; c) dem Wachsen spirituellen Bewusstseins; d) mystischen und religiösen Visionen. Das Konzept der „psycholytischen Therapie" basiert wie die Psychoanalyse auf den alchemistischen Operationen von *separatio* und *solutio*; der Prozess – ob von psychoaktiven Substanzen verstärkt oder nicht – besteht im Auseinandernehmen von Komplexen in ihre konstituierenden Elemente (Gedanken, Gefühle, Empfindungen etc.) und in der Auflösung von angelernten Abwehrstrukturen.

Psychedelische Substanzen werden auch „bewusstseinserweiternd" oder „achtsamkeitsverstärkend" genannt: das bedeutet, dass die normalerweise subtilen Wahrnehmungen innerer Zustände und energetische Phänomene äusserer Erscheinungen wie Auras oder Energiefelder stark erhöht und belebt werden und dem Bewusstsein Klarheit und Einsichten bescheren können. Psychedelische Erfahrungen fördern eine Erweiterung unseres Identitätsgefühl über die üblichen Grenzen des Körper-Selbst hinaus zu einem unanfechtbaren Wissen unserer Identität als spirituelle Wesen. Zu der tiefen Bedeutung der psychedelischen Erfahrung kommt hier die Bestätigung des Lebens nach dem Tod, die Erkenntnis der Natur der Seele und die Mysterien der Inkarnation. Die psychedelische

Wahrnehmung kann sich ebenso nach aussen erweitern, mit ausserordentlich verstärktem Sinn für unsere Verbundenheit mit allen Lebensformen in diesem grossen ökologischen Gewebe des Lebens – und mit dem grösseren Kosmos, jenseits unserer gewohnten, irdisch-zentrierten Perspektive. Wir können zu der Einsicht kommen, das wir multidimensionale kosmische Wesen aus Licht sind.

Die Verbindung zwischen Psychedelika und den schamanistischen und yogischen Traditionen der Bewusstseins-Transformation sind ebenso deutlich. Albert Hofmanns Identifizierung des psychoaktiven Prinzips der visionären Pilze und seine Zusammenarbeit mit R. Gordon Wasson und der mazatekischen Schamanin Maria Sabina sorgten für die entscheidende Wieder-Verbindung mit fast vergessenen schamanistischen Traditionen im Gebrauch biologischer Substanzen bei der Suche nach Heilung und Wissen. Seine Arbeit an der Identifizierung des Geheimnisses der altgriechischen Mysterienreligion von Eleusis stellte die Verbindung mit der tiefsten spirituellen Weisheitstradition der alten klassischen Welt wieder her. Zahlreiche Zeugen aus der Praxis des Yoga und der Meditation haben bestätigt, dass die psycho-physiologischen Praktiken des Yoga, besonders des tantrischen Yoga und der Essenz-Weg des rasayana, durch den angemessenen und sorgsamen Einsatz psychedelischer Substanzen erheblich erleichtert und verstärkt werden kann.

Ich will allerdings hier darauf hinweisen, dass Drogen nicht automatisch für heilende, therapeutische oder mystische Effekte sorgen – dies ist nicht eine Sache der Pharmakologie. Bewusstseins-Werkzeuge können, wie jedes Werkzeug, falsch verwendet und missbraucht werden. Doch wenn eine spirituelle Orientierung und Intention gegeben ist, können sie benutzt werden, um die Heilung durch die psychotherapeutischen, kreativen und meditativen Prozesse in der Praxis des Schamanismus, des Yoga und der Alchemie – und ebenso in der komplementären Medizin und Therapie – zu verstärken, zu katalysieren und zu erleichtern.

Was ist denn nun der Stein der Weisen und in welcher Beziehung steht er zu psychedelischen, mystischen Visionserfahrungen?

Erstens: Stein ist Materie aus dem mineralischen Reich der Natur, das ursprüngliche Substrat oder der Grund allen Lebens und deshalb des Bewusstseins. Wir sind auf der molekularen Ebene mit diesem mineralischen Reich verbunden, denn gewisse Bestandteile unseres Körpers und unserer Nahrung sind mineralische Elemente. Die molekulare Ebene der Realität und des Bewusstseins ist grundlegender als die Ebene des zellularen Lebens. Man könnte sagen, dass Wahrnehmung, die auf dem molekularen Level begründet ist, wirklich begründet ist. Vielleicht kann man hier die Bedeutung des Begriffs "to be stoned" erkennen, der oft benutzt wird um den psychedelischen Zustand zu beschreiben. Darüber hinaus nehmen psychedelische Drogen und körpereigene Neurotransmitter, die Visionen und Träume im Gehirn auslösen, wie DMT, die Form eines reinen, kristallisierten Minerals oder Pflanzenextrakts an.

Zweitens: der *lapis* wird ebenso als flüssig beschrieben wie Wasser oder eine Essenz oder Tinktur, aber auch als Wunderheilmittel oder als Kombination von Stein und Wasser. Ein alchemistischer Text des 17. Jahrhunderts trägt den Titel *The Sophic Hydrolith.* Dieser „Wasserstein der Weisen" deutet auf einer symbolischen Ebene an, dass der psychedelische, visionäre Zustand des Bewusstseins voll in der materiellen Realität geerdet und gleichzeitig flüssig, nicht-anhaftend, somit also fliessend ist, wie der alte chinesische Weg des Tao, der Weg des Wasserlaufs.

Drittens: es wird gesagt, dass der Stein überall in der äusseren Realität ist, die uns umgibt. „Unser Stein wird in allen Bergen gefunden, in allen Bäumen, allen Kräutern und Tieren und in allen menschlichen Wesen. Er trägt viele verschiedene Farben, enthält die vier Elemente und wird als Mikrokosmos bezeichnet", sagt ein Text aus dem 16. Jahrhundert, *Glory of the World.* „Dieser Stein ist unter dir, neben dir, über dir und hinter dir", heisst es in einem anderen Text. Dies erinnert an einen Ausspruch von Jesus im gnostischen Thomas-Evangelium: „Das Königreich des Himmels ist über die Erde verstreut und die Menschen sehen es nicht... Das Königreich ist in dir und es ist ausserhalb von dir."

Viertens: und doch nicht deutlich und offensichtlich. „Unsere Substanz ist offen vor aller Augen ausgebreitet und doch ist sie nicht bekannt", heisst es in einem Text mit dem Titel *The New Chemical Light.* „Gelehrte Doktoren haben es täglich vor ihren Augen, aber sie verstehen es nicht, weil sie nie daran teilnehmen." (*The Glory of the World*). Diese Sprüche deuten die flüssige Undefinierbarkeit und Innerlichkeit dieses Wasser-Stein-Bewusstseins an – es ist vollkommen eine Funktion der Einstellung und Perspektive, die wir auf Dinge nehmen, also nicht etwas, auf das man jemand anderen hinweisen kann. „Die Augen haben zu sehen, werden sehen."

Fünftens: der Stein ist innen. „Dieses Ding ist aus dir extrahiert, du bist sein Erz; ... und wenn du dies erfahren hast, werden die Liebe und das Streben nach ihm in dir wachsen." (Morienus). Die Erfahrung ist eine innere Erfahrung, die aus dem Kern deines Wesens aufsteigt, entweder spontan oder katalysiert durch externe kristalline Substanzen. Es ist ein Zustand weisen Bewusstseins, der nur in der direkten persönlichen Erfahrung verstehbar ist. „Wir können irgendwelche Zweifel nicht besser erledigen als durch das Experiment, und es gibt keinen besseren Weg als es selbst zu tun" (Gerhard Dorn). Mein Lehrer Russell Schofield sagte mir einmal: „Der Stein der Weisen ist kein magisches Objekt, sondern es ist der grossartige Zustand, durch das Erreichen der Objektivität ausgelöst." Der Stein ist die Fähigkeit, objektiv gegenüber den Tatsachen zu sein, die „harten Fakten" einer gegebenen Situation wahrzunehmen und zu verstehen, ohne Illusionen oder Verzerrungen. Objektiv zu wissen heisst mit Sicherheit zu wissen, dass man weiss. So wie im Bergbau, wo der kostbare Stein erst von dem ihn umgebenden Erz getrennt werden muss, so muss die kostbare Essenz der Wahrheit getrennt werden von überlagernden Illusionen und Verzerrungen.

Sechstens: der Stein ist die Frucht der inneren Union oder *coniunctio* von Sonne und Mond. „Dieses Kind zweier Eltern, der Elemente und des Himmels, trägt in sich selbst eine Natur, in der das Potenzial und die Wirklichkeit beider Eltern gefunden werden kann."(Gerhard Dorn). „Die Sonne ist der Vater, der Mond die Mutter, der Wind trägt es in seinem Schoss und es wird gestillt von der Erde." (Hermes Trismegistos). Sonne und Mond, oder König und Königin sind durchgehende alchemistische Symbole für die grundlegende yin/yang, dynamisch/rezeptive, elektrisch/magnetische Polarität der menschlichen Persönlichkeit und Körper als Energiesysteme. Ihre Integration in der alchemistischen Transformation wird metaphorisch als innere Heirat, oder königliche Vermählung, porträtiert. In Jung'schen Begriffen wäre dies die Integration des

Vereinigung von FEUER und WASSER

männlichen animus mit der weiblichen anima der Psyche. Die metaphorische Beschreibung dieses zentralen inneren Prozesses als sexuelle Vereinigung von Mann und Frau finden wir auch in der Ikonographie der hinduistischen und buddhistischen Tantras und im chinesischen Taoismus. Der Weisheitsstein soll Kind oder Ergebnis dieser inneren Vereinigung sein, d.h. das Ergebnis der fortgesetzten Praxis, die Behinderungen dieser inneren Vereinigung zu beseitigen. Die alchemistische Arbeit ist auch oft als Hochzeit von Feuer und Wasser beschrieben worden. FEUER und LUFT werden als männlich angenommen, weil ihre Energien nach oben steigen und sich nach aussen zerstreuen; WASSER und ERDE sind weiblich, weil ihre Energien nach unten sinken und sich innen versammeln.

Siebtens: der Stein beinhaltet alle vier Elemente. „Er wird perfekt genannt, weil er in sich die Natur der Mineralien, der Pflanzen und der Tiere trägt. Er ist dreifach und einer, er hat vier Naturen." (Hortulanus). „Er erleuchtet alle Körper, denn er ist das Licht des Lichts und ihre Tinktur." (Geber). „Wenn die reinen und essentiellen Elemente in einem liebenden Gleichgewicht vereinigt sind, sind sie untrennbar und unsterblich, wie der menschliche Körper im Paradies", heisst es in dem Text *The New Chemical Light.* Das bedeutet, dass der Zustand eines erleuchteten weisen Bewusstseins das integrierte Zusammenwirken aller vier Ebenen des Bewusstseins einbezieht – die mental-denkende, die emotional-fühlende, die wahrnehmungsmässig-intuitive und die physikalisch-empfindende Ebene – ebenso wie Seele und Geist. Die Alchemisten sagen auch, dass dieses integrierte Wirken der vier elementaren Prozesse eine fünfte Essenz (*quintessentia*) produziert. Möglicherweise entspricht diese subtilere und spirituelle Essenz der transzendenten Funktion im Sinne

Der Wind hat es in seinem Schoss getragen.

Es wird von der Erde genährt. (beide Bilder aus ‚Atlanta Fugiens' von Michael Meier, 1618)

von C.G. Jung. Aus dem legendären *Smaragden Tablett*, einem Text, der Hermes Trismegistos zugeschrieben wird, erfahren wir, dass dieser transformative Essenz-Stein der Nachwuchs aus der Heirat von Sonne und Mond ist: „Die Sonne ist der Vater, der Mond die Mutter." Es wurde empfangen und getragen vom Element der LUFT („Der Wind trägt es in seinem Schoss.") – d.h. zuerst also vom Verstand – und dann vom physikalischen Erdkörper genährt: „Und es wird gestillt von der Erde."

Letztens: der Stein der Weisen ist etwas überaus Kostbares und Aussergewöhnliches. Der Text genannt *Wasserstein der Weisen* nennt ihn: „Der aller älteste, geheimste, natürlichste, unvergleichbare, himmlische, gesegnete, glückselige und dreifache, universale Stein der Weisen." Ähnlich überschwängliches Lob auf diesen seltenen und kostbaren Zustand sind über die gesamte alchemistische Literatur des europäischen Mittelalters verstreut. Ich denke, es wäre keine Übertreibung zu sagen, dass nahezu jeder, der jemals die volle visionäre Öffnung erfahren hat, die LSD und andere psychedelische Substanzen unter günstigen Umständen bewirken, diesen Aussagen zustimmen würde. Für mich selbst würde ich sagen, dass meine erste psychedelische Erfahrung, die ich 1961 mit Psilocybin machte, einer der zwei tiefgehendsten Wendepunkte in meinem Leben war – nach dem sich alles in meinem Leben änderte. Bis heute vergeht kaum ein Monat, einschliesslich bei der Arbeit an dieser Schrift, in dem ich nicht eine ähnliche Einschätzung von irgendjemandem höre, was ihre erste – und manchmal einzige – psychedelische Erfahrung betrifft.

Albert Hofmann, späte 1940er, mit einem Modell des LSD-Moleküls (Foto C. Roessiger)

Ich möchte diese Beschreibungen der wundersamen Eigenschaften des Steins der Weisen abschliessen, indem ich sie mit Albert Hofmanns Geschichte seiner Entdeckung des LSD verbinde. Diese Geschichte ist gut bekannt, und ich will nur kurz einige ihrer merkwürdigen Aspekte erwähnen, die auf eine Art göttlich inspiriertes Ereignis deuten, eine Synchronizität, im Sinne von Jung. Da ist der hoch bedeutsame Zeitpunkt dieser Entdeckung – auf dem Höhepunkt des Zweiten Weltkriegs, wenige Monate nach Enrico Fermis erster kontrollierter nuklearer Kettenreaktion, die unmittelbar zum Bau der Atombombe führte – als sollte die Entdeckung des LSD eine Art psycho-spirituelles Gegenmittel zu dieser Todeswaffe sein. Und dann die extreme Unwahrscheinlichkeit, dass ein Chemiker in einem Schweizer pharmazeutischen Labor eine so ungenügende technische Ausstattung hat, dass er zufällig eine Chemikalie über die Haut absorbiert! Aber was mich am meisten fasziniert an dieser Geschichte ist, wie Albert Hofmann erkannte, dass die Erfahrung, die er machte, von einer physikalischen Substanz ausgelöst war – was ihn zurück ins Labor führte, um sie auszutesten.

Obwohl die tiefgehenden bewusstseinsverändernden Effekte des Meskalins, das aus dem Peyote-Kaktus gewonnen wird, bekannt waren und Kurt Beringer an der Universität Heidelberg in den 1920er Jahren Studien über Meskalin publiziert hatte, kannte Hofmann diese Arbeiten damals noch nicht, wie er mir erzählte. Sein Fachgebiet war die pharmazeutische Chemie der Mutterkorn-Alkaloiden. In seiner Antwort auf meine Frage, woher er wusste, dass er eine Substanz eingenommen haben musste, bezog er sich auf die Geschichte seiner Kindheitserfahrung des Einsseins und Allumfassenden der natürlichen Welt. In seinen Büchern und Vorträgen hat er diese visionäre Erfahrung beschrieben:

„Während ich durch den frisch ergrünten, von Morgensonne durchstrahlten und von Vogelgesang erfüllten Wald dahinschlenderte, erschien auf einmal alles in einem ungewöhnlich klaren Licht. Hatte ich vorher nie richtig geschaut, sah ich erst jetzt plötzlich den Frühlingswald wie er wirklich war? Er erstrahlte im Glanz einer eigenartig zu Herzen gehenden, sprechenden Schönheit, als ob er mich einbeziehen wollte in seine Herrlichkeit. Ein unbeschreibliches Glücksgefühl der Zugehörigkeit und seligen Geborgenheit durchströmte mich."

Sie werden hier dieselbe Sprache und Bilder bemerken, die auch die Alchemisten bei ihrer Beschreibung des Steins der Weisen benutzten. Als Kind dachte Hofmann, dass er niemals fähig sein würde, diese Erfahrung durch Worte oder Bilder oder Musik ausdrücken oder erzählen zu können; er widmete sein Leben stattdessen der Erforschung der materiellen Welt – und wurde Chemiker. An jenem Tag im April 1943 erkannte er, dass die Wahrnehmung einer allumfassenden Ganzheit und Zugehörigkeit zur Natur in ihm durch eine materielle natürliche Substanz ausgelöst worden sein musste. Diese und weitere Erfahrungen mit LSD und Psilocybin führten ihn zu dem Schluss, dass bestimmte Substanzen psychoaktiver Pflanzen unter bestimmten Bedingungen ähnliche Erfahrungen auslösen können wie diese spontane, natürliche mystische Vision. Hofmann selbst hat gesagt, dass die tiefste Bedeutung der LSD-Erfahrung über ihre Anwendungsmöglichkeiten in der Psychiatrie geht, denn sie zeigt den Weg zu einer Wiedervereinigung des wissenschaftlichen und mystischen Weltbildes.

Ich will eine letzte interessante Synchronizität zwischen Hofmanns Arbeit und den Lehren der alchemistischen Philosophen erwähnen. Wie oben erwähnt sprachen die Alchemisten davon, dass das ‚stein-weise' Bewusstsein ein Kind der inneren Vereinigung von Sonne und Mond sei, was ich als Integration der dynamisch/rezeptiven Polarität menschlicher Energiesysteme übersetzt habe. In Hofmanns philosophischen Schriften hat er eine Theorie formuliert, die er das Sender/Empfänger-Modell der Realität nennt. Ich zitiere aus dem wunderbaren kleinen Schatz seines Buchs *Einsichten Ausblicke*:

„Was wir Wirklichkeit nennen, entsteht durch die Interaktion zwischen dem inneren und dem äusseren Raum... Sie (die Wirklichkeit) ist das Produkt eines Senders im äusseren Raum und eines Empfängers im inneren Raum... Was wir Wirklichkeit nennen, ist das Produkt der wechselseitigen Interaktion materieller und energetischer Signale, die von der äusseren Welt ausgesandt werden und dem bewussten lebenden Selbst in der inneren Welt des menschlichen Wesens."

Man könnte diese Erklärung der Wirklichkeit als eine philosophische Aussage oder Ausdruck des inneren Wissens über die *coniunctio* ansehen, die aus seinen psychedelischen Erfahrungen gewachsen ist.

Zum Schluss: Ich sage nicht, das LSD oder irgendein anderes psychoaktives Molekül der legendäre Stein der Weisen ist. Was ich sage ist, dass Albert Hofmann durch seine Entdeckung psychedelischer Substanzen – und besonders des LSD (mit seiner extremen Potenz) – und seinem unmittelbaren Erkennen von deren spiritueller Bedeutung den abgerissenen Faden der alchemistischen Weisheitstradition des Westens wieder zusammengefügt hat. Durch seine veröffentlichten Beiträge zur wissenschaftlichen Chemie und Medizin zu der Zeit und an dem Ort, an dem er sich befand, lieferte er allen gegenwärtigen und künftigen Suchern ein wundervolles Hilfsmittel für die Suche nach dem kostbaren Wasser-Stein der Weisheit und einen Schlüssel zur erlösenden Selbsterkenntnis. Dafür verneige ich mich vor Albert Hofmann, aus den Tiefen meiner Seele, in innigster Dankbarkeit.

Albert Hofmann, 2003, Basel (Foto Hansjörg Sahli)

Erweiterungen des kollektiven Bewusstseins seit dem Ende des Zweiten Weltkrieges

Die erste bewusstseinserweiternde Erfahrung, ausgelöst durch LSD oder eine andere psychedelische Substanz (oder einen anderen Katalysator), stellt oft einen bedeutenden transformativen Wendepunkt im Leben eines Individuums dar. Ich behaupte, dass auch die Einführung psychedelischer Substanzen in der westlichen Kultur Mitte des vergangenen Jahrhunderts einen ähnlichen Effekt hatte: sie katalysierte eine Serie tiefgehender sozio-kultureller Transformationsbewegungen. Synchronistische Erweiterungen des kollektiven Bewusstseins schienen sich in verschiedenen Bereichen der Gesellschaft zu zeigen. Diese transformativen bewusstseinserweiternden Bewegungen können als Antwort der kollektiven Psyche gesehen werden auf eine noch niemals dagewesene Bedrohung der Zivilisation: Nukleare Bedrohung, rapide Beschleunigung der Umweltzerstörung und rasendes Bevölkerungswachstum.

Bei einem Individuum führt besonders die erste psychedelische Erfahrung typischerweise zu einer mehr oder weniger totalen Dekonstruktion der Weltsicht, ebenso des Modells der Realität und der sozialen Beziehungen, die wir aufgrund unserer Erziehung und Ausbildung akzeptieren lernten. Das Individuum wird sich oftmals neuer Möglichkeiten und neuer Auswahlen bewusst, die getroffen werden können. Diese Erweiterung des Bewusstseins oder die erhöhte Selbst-Wahrnehmung ist die Grundlage der therapeutischen Anwendung psychedelischer Substanzen, etwa in Bereichen wie der Suchtbehandlung. Ähnlich forderten auf sozialer und kultureller Ebene die bewusstseinserweiternden Bewegungen die konventionelle Ordnung heraus und motivierten so die Gruppen, neue Optionen zu entdecken und neue Werte anzuregen. Meine These ist, dass die Entdeckung von LSD in den 1940er Jahren und dessen grösste Verbreitung und Anwendung in den 1960er Jahren die Geburt einer neuen Kultur der Bewusstseinserweiterung einleiteten und zu tiefgehenden heilenden Veränderungen in wichtigen Bereichen der Gesellschaft im folgenden halben Jahrhundert geführt haben.

Die Menschheit war an einem schrecklichen Höhepunkt destruktiver Gewalt angelangt: sowohl im Zweiten Weltkrieg als auch im Holocaust der Nazis – mit einem enorm ausgeweiteten Destruktions-Potential als Resultat wissenschaftlichen

„Fortschritts". In den folgenden Dekaden versuchten Staatsführer und Gruppen in allen Ländern neue politische Institutionen zu entwickeln, um die scheinbar hartnäckigen Tendenzen zu weiterer Gewalt einzudämmen und Rechtsstaatlichkeit anstatt von Gewalt zur Lösung gesellschaftlicher Differenzen zu etablieren. Zur selben Zeit – Kontrapunkt zu den nuklearen Todeswaffen und dem Völkermord des Holocaust – schien die Entdeckung bewusstseinserweiternder Drogen revolutionäre Veränderungen im kollektiven Bewusstsein zu katalysieren, auch wenn diese Drogen nicht direkt in diese Bewegungen involviert waren.

Ein neues Buch des Philosophen Richard Tarnas, *Cosmos und Psyche* (Tarnas, 2006), hat gezeigt, dass zyklische Konstellationen der äusseren Planeten, zumal in den harten Aspekten (speziell rechtwinklige und oppositionelle Konjunktionen), auf tiefe archetypische Kräfte hinweisen, die sich synchron in geschichtlichen, politischen und kulturellen Bewegungen entladen können. In modernen Begriffen der alten astrologischen Wissenschaft bedeutet dies, dass die zwölf Tierkreiszeichen meistens mit einer universalen Bewusstseinserweiterung dann eintritt, wenn Uranus plötzlich und dramatisch seine kosmisch-stellare Position verändert; Neptun, wenn allmählich seine Grenzen aufgelöst werden, während Jupiter mit erweiternden Werten und Visionen verknüpft ist; Saturn mit Konzentration, stabilisierenden Ordnungssystemen und Kontrolle. Und Pluto schliesslich repräsentiert die explosive, vorwärtstreibende Kraft von Gewalt und Gewalttätigkeit. Am Ende des Zweiten Weltkriegs, standen Saturn und Pluto nahezu im rechten Winkel zueinander, was die gewaltsame Zerstörung der bestehenden sozialen Ordnung symbolisiert; wenn jedoch Jupiter und Uranus auf einer Linie liegen, so lässt dies auf ein Zeitalter weitsichtiger Vision schliessen.

Tarnas Beschreibung der zyklisch-kosmischen Veränderungen der äusseren Planeten liefert eine Bestätigung und eine Ergänzung zu den linearen, „oktavischen" Dekaden der Bewusstseinsveränderungen, die ich hier skizziere. Im Folgenden beabsichtige ich für jedes Jahrzehnt (Dekade) zuerst alle politischen und ökonomischen Ereignisse zu rekapitulieren, und zwar im Hinblick auf eine Entwicklung zu einer offeneren und gewaltloseren Gesellschaft: sowohl in der Welt als auch in den USA. Zweitens gebe ich einen Überblick über die neuesten Entwicklungen in der Kultur, Wissenschaft und Technologie, die das enge Zeit-Bewusstsein aus seiner Verkapselung befreien und eine ausgedehnte Sicht der Welt ermöglichen. Drittens werde ich kurz auf die Entwicklungen in der Untergrundkultur der psychedelischen Revolution zu sprechen kommen.

Die 1940er Jahre

Globale und US-amerikanische Politik

Der Weltkrieg tobt in Europa. Nazideutschland überfällt und besetzt Dänemark, die Niederlande, Belgien und Frankreich und startet den Luftkrieg gegen England. Japan greift Pearl Harbor an und zieht die USA 1942 in den Krieg. Mit dem Kriegseintritt der USA zieht die Kriegsökonomie das Land aus der wirtschaftlichen Depression der 1930er Jahre. Deutsche Truppen marschieren in Russland ein und stossen bis nach Moskau vor. Sie werden wie einst Napoleon zurückgeschlagen, zum Teil wegen der brutalen Kälte des sowjetischen Winters. Die Juden im Warschauer Ghetto erheben sich gegen die Nazis, die Tausende von ihnen massakrieren. Alliierte Truppen marschieren siegreich in Italien ein, der faschistische Diktator Mussolini wird von einem Mob ermordet. Unter dem Kommando General Eisenhowers stürmen alliierte Trupen die Normandie: Frankreich wird von den Alliierten befreit. Roosevelt wird 1944 das vierte Mal zum amerikanischen Präsidenten gewählt. Sowjetische Truppen befreien das polnische Konzentrationslager Auschwitz. In deutschen Konzentrationslagern kommen 6 Millionen Juden, Dissidenten, Behinderte und andere Minoritäten ums Leben. Im August 1945 planen die USA den Abwurf von Atombomben auf Hiroshima und Nagasaki, obwohl Japan zur Kapitulation bereit war. Über 100 000 Menschen werden sofort getötet. Als der Zweite Weltkrieg endet, haben 50 Millionen Menschen ihr Leben verloren.

Auf einer Konferenz in San Francisco werden 1946 die Vereinten Nationen (UN) gegründet – ihre Mission: „die Geissel des Krieges für immer zu beseitigen". Die UN-Generalversammlung verabschiedet eine Universelle Erklärung der Menschenrechte. Nach dem Krieg verstärken sich die diplomatischen Konflikte zwischen den Vereinigten Staaten und der UdSSR, ein „eiserner Vorhang" wird durch Europa gezogen und der Kalte Krieg um globalen Einfluss und ein nukleares Wettrüsten beginnen, die die Welt in den kommenden 50 Jahren beherrschen werden. Die Truman-Doktrin der „Eindämmung" des sowjetischen Einflusses etabliert die Politik des Kalten Kriegs. In den USA werden das Verteidigungsministerium und die CIA gegründet und lassen bereits die Schatten der folgenden Dekaden erahnen, die durch wachsende Militarisierung, geheime Interventionen und destabilisierende Operationen der USA überall in der Welt gekennzeichnet sind. Beobachtungen von Ufos werden häufiger in den Medien gemeldet, wenn auch stets mit Ablehnung und Leugnung. Es ist eine für sich sprechende Evidenz (auch wenn erst viel später publik gemacht), dass die Häufigkeit der Beobachtung von Ufos mit nuklearen Test-Explosionen in Verbindung steht.

Der Marshall-Plan bringt grosse Finanzmittel für den Aufbau der europäischen Ökonomie. Die NATO wird gegründet, um Europa vor einer angeblichen sowjetischen Invasionsgefahr zu schützen. Deutschland wird in zwei Nationen geteilt, die zu US-amerikanischen beziehungsweise sowjetischen Klientenstaaten werden.

Indien erlangt die Unabhängigkeit vom britischen Kolonialimperium; Millionen kommen bei den Kämpfen nach der Trennung des hinduistischen Indiens und des moslemischen Pakistans 1947 ums Leben. In dem gerade unabhängig gewordenen Indien wird der Apostel der Gewaltlosigkeit, Mahatma Ghandi, ermordet (1948). Der Staat Israel wird im Mittleren Osten gegründet, was einen jahrzehntelangen arabisch-israelischen Konflikt herausfordert. In Südafrika wird die rassistische Apartheid institutionalisiert. In China endet der Bürgerkrieg, und der kommunistische Führer Mao Tse-tung wird der Vorsitzende der Volksrepublik China. In den USA gibt es Rassenunruhen in Harlem und 46 anderen Städten. Studenten gründen den Congress of Racial Equality (CORE), um gegen die Rassendiskriminierung mit Ghandis gewaltfreien Methoden zu opponieren.

Bewusstseinserweiternde Entwicklungen in Kultur, Wissenschaft und Technik

Bereits in den 1930er Jahren und sogar schon früher gab es bedeutende Erweiterungen der westlichen Weltsicht durch die Arbeiten der Schule des kulturellen Relativismus von Anthropologen wie Franz Boas, Ruth Benedict und Margaret Mead. Sie forderten, das von ethnozentrischer Superiorität geprägte Herangehen der westlichen Wissenschaft an so genannte „Primitive“ aufzugeben und stattdessen die Methode der „teilnehmenden Beobachtung“ anzunehmen. Auch die Archäologen erweiterten unseren Blick auf die menschlichen Ursprünge: In Lascaux in Frankreich wurden 1942 Höhlenzeichnungen der Eiszeit entdeckt und auf das Jahr 15 000 vor unserer Zeitrechnung datiert, was die Wahrnehmung der menschlichen Frühgeschichte stark verlängerte und vertiefte. Die zunehmende

Häufigkeit von Ufo-Beobachtungen zieht die Aufmerksamkeit der Öffentlichkeit und der Medien auf sich: die Möglichkeit dämmert auf, dass die Erde nicht die einzige Zivilisation im Universum sein könnte. 1947 kursieren kontroverse Berichte um den Absturz eines Ufos in der mexikanischen Wüste und ziehen Gerüchte nach sich von extraterrestrischen Technologie-Programmen, die von den Regierungen streng geheim gehalten werden (Corso, 1997). Berichte über Ufo-Beobachtungen, über Kontakte zu Ausserirdischen und geheime, vertuschte Regierungs-Programme dauern die nächsten Jahrzehnte an und deuten klar auf eine Erweiterung der kollektiven Weltsicht – für diejenigen, welche diese Gerüchte ernst nehmen.

Die nach dem Krieg heimkehrenden Veteranen sorgen für einen Zuwachs der Geburtenrate um 20%: die Baby Boom-Generation wird geboren. Millionen junger Eltern lesen Benjamin Spocks *The Commonsense Book of Baby and Child Care,* das die Ansichten der Amerikaner über Kinder für immer veränderte. Margaret Sanger, Aktivistin der Geburtenkontrolle, gründet die International Planned Parenthood Federation.

1947 werden in der Nähe von Qumran in Palästina die „Rollen vom Toten Meer" gefunden, die aus der Zeit von Christus stammen; sie wurden von den ultra-orthodoxen Essenern verfasst und werfen ein neues Licht auf die historischen Ursprünge des Christentums. Die Erfindung des Transistors erlaubt Miniaturisierungen in Wissenschaft und Technologie. Wichtige Bücher, die den Geist der 1940er ausdrückten, waren Erich Fromms *Furcht vor der Freiheit,* Albert Camus' existenzialistischer Klassiker *Der Fremde* und George Orwells satirische Fabel auf das Scheitern des Kommunismus *Animal Farm.*

Die psychedelische Bewegung

In einer erstaunlichen Synchronizität fand die Entdeckung von LSD im April 1943 nur wenige Monate nach der ersten kontrollierten nuklearen Kettenreaktion durch Enrico Fermi an der Universität Chicago statt, die direkt zur Entwicklung der Atombombe führte. War diese tiefstgehende geistverändernde Substanz dazu bestimmt, für eine Art Gegenpol zu der Todeswaffe zu sorgen? Als der Schweizer Chemiker Albert Hofmann die bewusstseinserweiternden Eigenschaften von LSD entdeckte, verglich er sie mit seinen mystischen Naturerfahrungen als Kind. Seine Entdeckung markiert das Verschmelzen der medizinischen Chemie mit der alten Tradition der spirituellen Entwicklung, die als Alchemie bekannt ist und von der die moderne Chemie bei dem Bruch zwischen Wissenschaft und Religion im 16. Jahrhundert getrennt wurde. Natürlich wurden die ersten Forschungen für mögliche Anwendungen des LSD vom Militär und der CIA durchgeführt – wie man es von einer während des Krieges gemachten wissenschaftlichen Entdeckung in der Nachkriegskonfrontation des Kalten Kriegs nicht anders erwarten würde. Die ersten zivilen Verwendungen dienten der Erforschung zum Verständnis der Psychose: das psychomimetische Modell und – verbunden mit der psychoanalytischen Therapie zur Lockerung neurotischer Abwehr und Förderung der Innensicht – das psycholytische Modell.

Wenn wir die Bedeutung dieser Geburt oder Wiedergeburt einer modernen Transformations-Bewegung und ihre folgende Verbreitung bedenken, können wir festhalten, dass Hofmann das LSD im Reich der Pilze fand (er selbst sagt „es fand ihn"), als er an den Alkaloiden des Ergot arbeitete. Ergot ist ein Pilz, der auf Roggen und anderem Getreide wächst. Nachdem Hofmann selbst, in eigener Person, die tiefgehende Konvergenz von Wissenschaft und Religion identifiziert hatte, die zur Herstellung dieser Substanz geführt hatte, publizierte er seine Entdeckungen in der wissenschaftlichen Fachliteratur und brachte so diese moderne Version des „Stein der Weisen" an das Licht der Öffentlichkeit – zusammen mit so vielen Paradoxien und Mysterien, dass es schien, er sei über eine Medizin gegen die Krankheit unserer Zivilisation gestolpert, von der wir gar nicht wussten, dass es sie gab.

Die 1950er Jahre

Globale und US-Politik

Der Kalte Krieg zwischen den USA und der UdSSR wird in Korea heiss, wo beide imperialen Supermächte oppositionelle Seiten unterstützen und ihre Militärmaschinerie testen. Stalin stirbt (1953) und Chruschtschow wird Generalsekretär (1958). Als Gegengewicht zur westlichen NATO-Allianz organisieren die Sowjets den Warschauer Pakt. Der anti-kommunistische Aufstand in Ungarn wird brutal niedergeschlagen. In den USA sind dies die Eisenhower-Jahre: Senator Joe McCarthy startet seine paranoide anti-kommunistische Inquisition und verbreitet ein Klima der Angst und des Misstrauens in Amerika. Die Propagandamaschine heizt Ängste vor einem nuklearen Bombardement an. Als Reaktion auf das nukleare Wettrüsten wird das Committee for a Sane Nuclear Policy (SANE), eine Anti-Kernwaffen Protestorganisation, gegründet und erhält Unterstützung von Norman Cousins, Eugene McCarthy, Benjamin Spock und vielen anderen. Später verbindet sie sich mit der nuklearen FREEZE-Bewegung. In Little Rock, Arkansas, protestieren weisse Demonstranten gegen die Aufhebung der Rassentrennung an Schulen; in Montgomery, Alabama, organisiert Martin Luther King, der seine gewaltlose Kampagne nach dem Modell von Ghandi formte, einen Bus-Boykott, der die Bürgerrechtsbewegung entzündet. Das Bruttosozialprodukt verdreifacht sich, günstige Kredite für heimgekehrte Kriegsteilnehmer und billiges Öl führen zu einem extremen Wachstum vor allem im Bereich des Hausbaus und der Automobil-Industrie.

Der Premierminister des Iran, Mossadegh, nationalisiert die den Briten gehörende BP-Ölgesellschaft und wird in einer gemeinsamen Operation der USA und Englands gestürzt. Der Coup restauriert die absolute Diktatorengewalt des Schahs und erklärt das iranische Öl zu US-britischem Besitz. In Ägypten stürzen Revolutionäre König Farouk und errichten eine Republik. Ägyptens Präsident Nasser nationalisiert den Suez-Kanal, was zum Sechs-Tage-Krieg führt, der Invasion von Israel, Frankreich und Grossbritannien. Ein CIA-organisierter Coup stürzt die gewählte Regierung von Jacobo Arbenz in Guatemala und leitet eine 40-jährige Repression durch die Todesschwadronen eines barbarischen Militärregimes und den Genozid an den eingeborenen Mayas ein.

Wellen von Entkolonialisierungs-Bewegungen gehen durch den afrikanischen Kontinent und entledigen sich der Kolonialregime, die die Europäer nach Ende des Zweiten Weltkriegs etabliert hatten. Einige verlaufen relativ friedlich, wie Ghanas Gewinn der Unabhängigkeit von Grossbritannien und der Marokkos von Frankreich. Andere, wie die Mau-Mau-Rebellion in Kenia ziehen sich über Jahre hin und provozieren brutate Racheakte folternder und mordender Briten. Die chinesischen Kommunisten, die ihre Kontrolle über die asiatische Landmasse abrunden wollen, überfallen Tibet und erklären die alte buddhistische Theokratie zu einem Teil von China. Tausende von Lamas, Männer und Frauen, werden eingekerkert, gefoltert und ermordet. Hunderte von Klöstern und ihre religiösen Heiligtümer und Kunstwerke werden zerstört. Als die chinesische Repression sich zu einem regelrechten Völkermord auswächst, flieht der Dalai Lama, der spirituelle und weltliche Führer der Tibetaner, über den Himalaya nach Indien (1959).

Bewusstseinserweiternde Entwicklungen in Kultur, Wissenschaft und Technik

Alarmiert durch das sowjetische Raumfahrtprogramm gründen die USA die NASA (National Aeronautics and Space Administration). Die Erforschung des Weltraums wird zur Arena des Kalten Kriegs – Hand in Hand mit dem Wettstreit in der Entwicklung militärischer Waffen. Die erste Antibabypille kommt auf den Markt und macht die Verhütung für Millionen von Menschen einfacher. Francis Crick und James Watson entdecken die „Doppelhelix" der DNA, den fundamentalen molekularen Code des Lebens. Francis Crick bekannte später, dass die Einnahme von LSD seine kreativen Einsichten entzündete. Die Polio-Impfung, die der Mikrobiologe Jonas Salk entwickelte, wird für den Gebrauch zugelassen. Noch drei Jahre zuvor hatte die Kinderlähmung über 50 000 AmerikanerInnen befallen. Rock'n Roll-Musik wird von Stars wie Bill Haley, Chuck Berry und Elvis Presley populär gemacht. Louis Leakey findet das älteste menschliche Skelett in Olduvai Gorge in Tansania und begründet die These, dass das Leben nicht, wie bisher angenommen, in Asien begann, sondern in Afrika.

Wichtige Bücher, die den Geist der 1950er Jahre widerspiegeln: Ernest Hemingways *Der alte Mann und das Meer*; James Baldwins *Go Tell It On The Mountain*; Samuel Becketts *Warten auf Godot*; Arthur Millers *The Crucible*; Vladimir

Nabokovs *Lolita*; Allen Ginsbergs Beat-Klassiker *Howl*; Jack Kerouacs *On the Road*; Boris Pasternaks *Dr. Schiwago*; John Kenneth Galbraiths *The Affluent Society.* Filme der 1950er: *A Streetcar Named Desire; High Noon.*

Die psychedelische Bewegung und ihre Verwurzelung im Schamanismus

Sidney Cohen und Oscar Janiger in Los Angeles erforschen die Anwendung von LSD und anderen *psychodelics* in der Psychotherapie, besonders bei der Behandlung von Alkoholismus sowie zur Ermöglichung kreativer und künstlerischer Prozesse. Der bekannte englische Philosoph und Autor Aldous Huxley veröffentlicht 1950 *Die Pforten der Wahrnehmung* und *Himmel und Hölle,* in denen er seine Erlebnisse mit Meskalin als ursprüngliche mystische Erfahrungen beschreibt und so seine grosse Autorität für eine ernsthafte Betrachtung der potentiellen spirituellen Bedeutung von psychedelischen Substanzen einbringt.

R. Gordon Wasson entdeckt die heilige Pilzzeremonie der alten Azteken wieder und veröffentlicht seinen Bericht 1957 im LIFE-Magazin; er legt dar, dass von psychoaktiven Pflanzen ausgelöste visionäre Erfahrungen der Kern sämtlicher Religionen sein könnte. Sein LIFE-Bericht setzt eine Bewegung in Gang, in der Zehntausende nordamerikanischer und europäischer Hippies mit halluzinogenen Pilzen experimentieren, die sie zuerst sammelten und später auch kultivierten (Metzner, 2005). Ebenfalls in den 1950ern gründen unabhängig voneinander zwei brasilianische Kautschuk-Sammler urbane Kirchen (Santo Daime und Uniao de Vegetal), in denen das schamanistische Entheogen des Amazonas, Ayahuasca, das zentrale Sakrament ist. Sie initiieren damit eine religiöse Graswurzel-Revitalisierung, die heute weltweit Tausende von Anhängern hat (Metzner, 2006).

In diesem Jahrzehnt also bewegt sich die psychedelische Subkultur über die Psychiatrie hinaus zu Kreativität in der Kunst, findet ihre Wurzeln in der animistischen und schamanistischen Tradition urtümlicher Kulturen und entdeckt seinen höchsten Ausdruck in den spirituell-mystischen Dimensionen der menschlichen Existenz.

Die 1960er Jahre

Globale und US-Politik

Die Dekade beginnt mit der Wahl John F. Kennedys zum Präsidenten der Vereinigten Staaten, der der jüngste – und der erste katholische – US-Präsident aller Zeiten wird. Die beiden geopolitischen Krisenherde waren Vietnam und Kuba. In Vietnam leisteten die USA an der Seite mit Frankreich Widerstand gegen die Unabhängigkeitsbewegung Ho-Chi-Minhs und wurden dann in die Verteidigung des schwachen süd-vietnamesischen Regimes gegen die angebliche kommunistische Übernahme hineingezogen. 1964 sorgte der Zwischenfall am Golf von Tonkin (der sich später als gefälscht herausstellte) für den Anlass massiver militärischer Aufrüstung unter Präsident Johnson.

John F. Kennedy, 1917 – 1963

Wachsende heimische Opposition gegen den Krieg und signifikante Erfolge der Vietcong sorgten dann 1973 für die amerikanische Niederlage und den Rückzug aus Vietnam – 56 000 amerikanische Soldaten und 1,3 Millionen vietnamesische Soldaten und Zivilisten waren tot und das Land zerstört.

In Kuba wurde Fidel Castro nach der Revolution gegen das US-gestützte Batista-Regime 1959 Präsident und knüpft enge politische und ökonomische Banden mit der Sowjetunion. Einer der vielen Versuche der CIA, Castro loszuwerden, endet in der desaströsen Schweinebucht-Invasion. Als 1961 sowjetische Raketenboote in kubanischen Gewässern entdeckt werden, führt dies zu grossen Spannungen zwischen Kennedy und Chruschtschow: die Welt entgeht um Haaresbreite einem Nuklearkrieg. Als Grund für die Ermordung Kennedys im Jahre 1963 sehen viele den Groll der CIA über dessen aus ihrer Sicht mangelnde Unterstützung dieser Operation. Obwohl niemals bestätigt gab es Gerüchte, dass Kennedy LSD im Weissen Haus probiert haben soll, durch seine Bekanntschaft mit der prominenten Mary Pinchot Meyer, die mit Timothy Leary befreundet war und wenige Monate nach John F. Kennedy selbst ermordet wurde (Leary, 1983).

Mitte der 60er Jahre antworten die Sowjets auf demokratische Unruhen in der Tschechoslowakei mit der Entsendung von Panzern und Truppen. Die Berliner Mauer wird gebaut, um den Flüchtlingsstrom von Ost- nach West-Berlin zu stoppen. In Griechenland beginnt eine sieben Jahre dauernde Militärdiktatur, gesponsert von der allgegenwärtigen CIA. Algerien gewinnt die Unabhängigkeit von Frankreich in einem blutigen Kampf. Burundi, Jamaica, Samoa, Uganda und Trinidad werden unabhängig von Grossbritannien. Weitere belgische und französische Kolonien wie Senegal, Nigeria und Kongo gewinnen ihre Unabhängigkeit. Staatsführer ehemaliger Kolonien, die sich im nationalen Interesse mit der Sowjetunion verbünden – wie Ghana, Nigeria und Kongo – werden rasch von CIA-gestützten Militärputschen beseitigt und durch Militärdiktatoren ersetzt, die die Ressourcen des Landes bereitwillig US-Firmen überlassen und sich selbst daran bereichern. In Südafrika wird der Führer des African National Congress, Nelson Mandela, zu lebenslanger Haft verurteilt: Seine Einkerkerung wird zu einem der wichtigsten Hauptgründe der Anti-Apartheid-Bewegung. Er bleibt 27 Jahre im Gefängnis.

In China beginnt Mao Tse-tung eine Kulturrevolution nach dem Vorbild Stalins: Eine Säuberung von unzufriedenen Parteimitgliedern und Intellektuellen, von denen Tausende öffentlich erniedrigt, in Arbeitslager geschickt oder getötet werden (1966). Japan, wie Deutschland nach dem Krieg zum Aufbau einer nicht-militärischen Industrie gezwungen, wird zur zweitgrössten Wirtschaftsmacht der Erde. Richard Nixon wird 1969 Präsident der Vereinigten Staaten und kündigt den Truppenabzug aus Vietnam an. Er verbietet die Benutzung chemischer und biologischer Waffen und initiiert die SALT-Gespräche (Strategic Arms Limitation Talks) zwischen der UdSSR und den USA, um den nuklearen Geist wieder zurück in die Flasche zu bannen.

Innerhalb der USA nehmen Rassenspannungen und gewalttätige Auseinandersetzungen während der 1960er Jahre dramatisch zu, aber auch gewaltfreie Friedens- und Integrationsbewegungen wie das SNCC (Student Non-Violent Coordinating Committee) und die „Freedom Rides" in Alabama, die das rassistische Südstaaten-Gesetz separater Wahllisten und Schulen abschaffen möchten. Präsident John F. Kennedy sendet nach Unruhen an der Universität Mississippi Bundestruppen, um die Integrationsgesetze durchzusetzen. Martin Luther King hält 1963 seine berühmte Rede („I have a dream...") in Washington vor über 200 000 Demonstranten für die Bürgerrechte und bringt die Vision einer integrierten Gesellschaft zum Ausdruck. Die Formation der „Black Panthers", einer militanten Bürgerrechtsgruppe, bekundet wachsende Unzufriedenheit mit

Martin Luther King
1929 – 1968

Melcom X
1925 – 1965

Robert F. Kennedy
1925 – 1968

dem gewaltfreien Protest. Malcolm X, der militante Sprecher der Gruppe, wird 1965 erschossen. Bürgerrechts-Demonstrationen und Unruhen nehmen weiter zu, auch wenn Dutzende umgebracht und Tausende verletzt werden. Martin Luther King führt Protestmärsche in Selma, Alabama, und in Chicago an (1965).

Als Antwort auf die eskalierenden Kriege in Südost-Asien nehmen die Anti-Kriegs-Proteste und der Widerstand gegen die Einberufung ebenfalls zu. Ein „teach in" der Universität Michigan 1965 markiert den Beginn der studentischen Anti-Kriegs-Bewegung. Martin Luther King leiht dieser Bewegung seine machtvolle Stimme als über 100 000 in New York und 150 000 vor dem Pentagon demonstrieren. Die Bewegung für Freie Rede (Free Speech) geht von der Universität Berkeley aus und entzündet Studentenproteste im ganzen Land. Das FBI startet ein gewaltätiges Unterwanderungs-Programm (COINTELPRO) gegen die „Black Power"-Gruppen und andere Dissidenten. Die Tragik und das gewalttätige Klima eskalieren 1968, als der Präsidentschaftskandidat Robert F. Kennedy in Los Angeles und Martin Luther King in Memphis, Tennessee, ermordet werden. Rick Tarnas hat in Begriffen der archetypischen astrologischen Veränderungen gezeigt, dass die 60er-Jahre, wie andere grosse Zeiten revolutionärer Bewegungen, durch viele harte Aspekte von Uranus, Pluto und Saturn – den Archetypen der befreienden Kreativität, der eruptiven Gewalt und der repressiven Kontrolle – gekennzeichnet waren.

Eine der schlagendsten Synchronizitäten der 60er ist folgende: Der charismatische Präsident John F. Kennedy, der, wie einige meinen, den Abzug aus Vietnam vorhatte, wurde am 22. November 1963 in Dallas ermordet. Aldous Huxley, der Philosoph der psychedelisch-mystischen Vision, starb am selben Tag und nahm 100 Mikrogramm LSD für den Übergang – eine Zeremonie, die er in seinem letzten Buch, dem utopischen Roman Island, beschrieben hatte.

Bewusstseinserweiternde Entwicklungen in Kultur, Wissenschaft und Technik

In den frühen sechziger Jahren fliegen die ersten Astronauten und Kosmonauten ins All und bringen die ersten erregenden Fotografien von der ganzen Erde aus dem Weltraum mit. Bezeichnend für die Anstrengungen der Erkundung des Weltraums wird Star Trek, dessen erste Ausstrahlung auf NBC erfolgt und der zu einem Kultklassiker amerikanischer Science Fiction wird, mit einem Alien als einem der Hauptdarsteller. 1969 setzt mit Neil Armstrong der erste Mensch seinen Fuss auf den Mond. Das Buch von Rachel Carson *Der stumme Frühling* (1962) bringt die Umweltzerstörung zu Bewusstsein und die ersten Umweltbewegungen in den USA in Gang. 1966 veröffentlicht das Innenministerium eine Liste der seltenen und bedrohten Arten. Betty Friedans Buch *Der Weiblichkeitswahn* (1963) inspiriert die Bewegung der Frauenbefreiung mit ihren „bewusstseins-fördernden" Gruppen und dem Argument, dass Frauen nur wegen ihren Ehemännern unter Diskriminierung und illusionärer Selbstverwirklichung leiden. Die National Organization for Women (NOW) wird 1966 gegründet, und der Kongress beschliesst ein Gesetz, das die Gleichberechtigung der Frau garantiert. Bob Dylan produziert sein erstes Album und seine Songs werden stilbildend für die Friedens- und Bürgerrechtsbewegung. Die britischen Beatles und die Rolling Stones erobern Amerika und bereichern die amerikanische Hippiekultur mit ihren frischen und farbigen Stimmen. 500 000 besuchen das Woodstock-Festival 1969 für vier Tage Rockmusik, verstärkt durch die Einnahme von Psychedelics. Mit dem Stonewall Inn Riot (1969) beginnt die Bewegung für die Rechte Homosexueller.

Wichtige Bücher und Filme dieser Zeit sind unter anderen Ralph Naders *Unsafe At Any Speed,* das die Gefahren unsicherer Autos in Verruf bringt; Theodore Roszaks *The Making of A Counterculture*; der Beatles-Film *Yellow Submarine* und Stanley Kubricks *2001: A Space Odyssey,* der das Zeitalter der Weltraumentdeckung vorwegnimmt.

Die psychedelische Bewegung – Aufkommen und Blütezeit

Erfahrungen und Experimente mit LSD und andren psychedelischen Drogen dringen aus psychiatrischen Kliniken, geheimen Gruppen und Laboratorien in die Öffentlichkeit hinaus. Timothy Leary und seine Kollegen beginnen ihre

Forschung mit Psilocybin an der Harvard Universität; Studien werden durchgeführt und publiziert: mit gewöhnlichen Leuten in natürlicher Umgebung, mit Häftlingen in der „Concord Gefängnis Studie“ und mit Theologie-Studenten zur Erweckung mystischer Erfahrungen. 1963 veröffentlichen sie *Die psychedelische Erfahrung* – ein Handbuch auf Grundlage des Tibetanischen Totenbuchs. Bekannte Philosophen wie Aldous Huxley, Alan Watts und Huston Smith bezeugen die Echtheit der religiös-spirituellen Dimensionen der psychedelischen Erfahrungen. Zahlreiche Dichter, Schriftsteller, bildende Künstler und Musiker entdecken und bezeugen das kreativitätserweiternde Potential der psychedelischen Drogen. Während die Gruppe in Harvard sich mit den psychologischen und spirituellen Implikationen psychedelischer Drogen befasst, veranstalten etwa zur selben Zeit der Romancier Ken Kesey und seine Band Merry Pranksters Rockkonzerte als „acid tests“, bei denen tausende Menschen zu Musik- und Light-Shows LSD nehmen. Dies war die Geburt einer Revolution des kollektiven Bewusstseins, in der Hunderttausende, vielleicht Millionen Menschen, eine oder mehrere tiefe, lebensverändernde psychedelische Erfahrungen machten.

Auch wenn es keine Belege für einen direkten kausalen Zusammenhang zwischen der Einnahme psychedelischer Substanzen und sozio-kulturellen Bewegungen gibt, repräsentiert jede von ihnen dennoch eine Erweiterung des kollektiven Bewusstseins, ein Überschreiten begrenzender Konventionen, Verhaltensweisen und Normen, die typisch mit der Erfahrung von Psychodelics verbunden sind. Insofern lässt sich mit Berechtigung sagen, dass die 1960er Jahre, die dritte Phase der fortschreitenden Oktave, also die Blüte der Gegenkultur und der Kultur der Bewusstseinserweiterung darstellt. Die Friedensbewegung opponiert gegen die amerikanische Kriegsmaschine; die Bürgerbewegung steht gegen rassistische Diskriminierung auf; die Ökologiebewegung geht gegen die fortschreitende industrielle Umweltzerstörung vor; die Frauenbewegung stellt sich gegen sexuelle Diskriminierung der patriarchalen Institutionen; die sexuelle Revolution bricht, unterstützt durch die Antibabypille, mit religiösen Konventionen der Ehe und Familie; ein Aufschwung kreativer Innovationen in der Musik, den Künsten, der Mode und der Literatur geht über viele traditionelle Begrenzungen früherer Generationen hinaus.

Obwohl diese sozialen Transformationen gegenkulturell oder sogar revolutionär waren, indem sie ungerechte, begrenzende oder überlebte Haltungen und Praktiken der herrschenden Sozialordnung veränderten, so ist es wichtig zu erkennen, dass es nicht die primäre Absicht war, überhaupt gegen etwas zu sein: So wie auch der gegen die Sklavenhalter in den Südstaaten geheim geführte Krieg nicht der Hauptgrund der Sklavenabschaffungs-Bewegung gewesen war – eher war sie eine Folge der Emanzipations-Bewegung, die von den Sklaven selbst ausging. Die motivierende Vision der Gegenkultur der 60er bestand darin, den Weg für Innovationen, Reformen und Befreiungen zu bahnen, gegründet auf einem erweiterten Bewusstsein für die Bedürfnisse der ganzen Gesellschaft (wie in den zivilen Rechten, der Frauenbefreiung und der sexuellen Revolution), für alle Aspekte der Humanität (wie in der Friedensbewegung) und für eine heile Biosphäre (wie in der ökologischen Bewegung).

Wie im kindlichen Ringen um das Geborenwerden, das letztlich das Ringen um ein umfassenderes in der Welt-Sein ist, so mag es auch eine Phase intensiver und gewaltsamer Opposition gegen die Begrenzungen der existierenden Ordnung geben (repräsentiert im Körper der Mutter). Diese Art der Opposition, die sogar das Leben der Mutter gefährden kann, ist keinesfalls das letzte Ziel des Kampfs des Neugeborenen – sie resultiert vielmehr aus einem Zustand, der unerträglich geworden ist: eine zu begrenzende Enge in einer Welt grösseren Friedens und Möglichkeiten des Wachstums. Die innovativen und wegweisenden Aspekte dieser sozio-kulturellen Transformationen sind teilweise augenfällig in den Durchbrüchen, die in den neuen wissenschaftlichen Entdeckungen und den neuen Formen des zelebrierenden Ausdrucks in den Künsten begegnen. Hier sehen wir keine Opposition zu einer existierenden Ordnung, sondern nur eine energiegeladene, erneuernde und kreative „Bewegung ins Gesteigerte" – in eine umfassendere Weltsicht. Andererseits tendieren die gegenkulturelle und revolutionäre Elemente in dieser Bewegung, besonders in der politischen und ökonomischen Sphäre, gewalttätige Rückschläge und Repressionen seitens der herrschenden Kultur hervorzurufen: „Das Imperium schlägt zurück." Dies wiederum führt zur Intensivierung der rebellischen Gegenkräfte, die eine Eskalation von Gewalt und Destruktion nach sich zieht – alle jene Tendenzen, die wir in den kommenden Jahrzehnten sich entladen sehen werden.

Zweifellos: ein energisch sich auswirkender Einfluss auf das Wachsen der psychedelischen Bewegung in der Zeit der Bewusstseins-Kultur der 60er-Jahre war die verbreitete Erhältlichkeit von billigen Psychedelic-Drogen und ebenso von kultivierten Pilzen, die für den persönlichen Gebrauch einer mächtig wachsenden Zahl von Leuten bestimmt waren. Dies steigerte gewiss die Innovation und Kreativität in den Künsten und Wissenschaften und fügte eine weitaus grössere Zahl von spirituell-aktiven Individualisten den vorher verhältnismässig kleinen Minoritäts-Bewegungen hinzu. Es gab Gerüchte, dass viel von dem Erfindergeist in der Spitzentechnologie der Silicon Valley mit *psychedelics* inklusive Cannabis angeregt war (Markoff, 2005); und Drogengebrauch bei Musikern und Künstlern war evident und ein offenes Geheimnis – es gab sogar ein Psychedelic-Genre. Ob allerdings Psychedelics rebellischen Aufruhr und konfrontierende Widerstandsbewegungen verstärkten, bleibt fraglich. Einige würden dagegen einwenden, dass die grössere Gewaltbereitschaft der Revolutions-Bewegungen mehr mit dem Gebrauch von Amphetaminen zusammenhing.

Die amerikanische Gesellschaft hat sich zu einem Gebilde verschiedenartiger und diversifizierter sozialer Schichten entwickelt: zu einem vielgliedrigen internen Klassen-System, mit Rassen und Religionen, sich gegenseitig ökonomisch bekämpfenden Gruppen – und zwar beides zugleich: offen und verdeckt. Die traumatischen Schockerlebnisse des politischen Lebens ereigneten sich in den 1960er Jahren: die Ermordung zweier weisser (John F. Kennedy und Robert Kennedy) und zweier schwarzer Führer (Martin Luther King und Malcolm X). Die revolutionären Wandlungen in Gesellschaft und Kultur, die den Visionen und Initiativen der counterculture entsprangen (Anti-Kriegs-Bewegung, Bürgerrechte, Frauenbefreiung, Umweltbewegung, neue Sexual- und Familienwerte) trafen auf einen gewalttätigen Gegenschlag der etablierten Kräfte des Imperiums, der Dominanz und Kontrolle. Als Teil dieses Gegenschlags wird Besitz und Gebrauch psychedelischer Substanzen kriminalisiert und sämtliche legale Forschungen über ihre bewusstseinserweiternden Möglichkeiten kommen zum Stillstand.

Vielleicht ist das der Einfluss einer ganz anderen Entwicklung, die ebenfalls mit dem Ende des Zweiten Weltkriegs beginnt: die Ausweitung der globalen Hegemonie des amerikanischen Imperiums. Der scheidende republikanische US-Präsident Eisenhower warnte vor dieser Entwicklung in seiner Abschiedsrede, in der er vor der Bedrohung durch die wachsende Macht und den Einfluss des „zunehmenden und unvertretbaren militärisch-industriellen Komplexes" warnte. Im Lichte späterer Entwicklungen war diese Warnung bemerkenswert vorausschauend.

Die 1970er Jahre

Globale und US-Politik

Der Kalte Krieg taut etwas, als Nixon die UdSSR besucht und das Abkommen über die Begrenzung strategischer Waffen (SALT) aushandelt, das zu einer Phase der Entspannung führt. Diese wird mit der Unterzeichnung des Helsinki-Abkommens von 36 Nationen ratifiziert. Nixon besucht auch Mao Tse-tung in Peking, was die jahrzehntelange Feindschaft zu China mildert.

In Südostasien führt das amerikanische Militär, eingeleitet von verdeckten CIA-Operationen, geheime Luft- und Bodenkriege in Kambodscha und Laos. 1973 beginnen die US-Truppen mit dem Rückzug aus Vietnam – zwei Jahre später werden alle drei Länder von kommunistischen Regimes übernommen. Die kambodschanischen „Roten Khmer" installieren ein Terror-Regime und bringen Hunderttausende ihrer Bürger ums Leben.

Im Mittleren Osten geht die palästinensische Befreiungsbewegung PLO mit Bombenanschlägen gegen die israelischen Besatzungstruppen vor, die Hunderttausende Palästinenser vertrieben haben. Im Libanon liefern sich Christen und Muslime einen Bürgerkrieg. Die OPEC, das Ölkartell im Mittleren Osten, erhöht die Ölpreise, was zu Energieverknappungen und Rezession in der zweiten Hälfte der Dekade führt. Nixons Entkoppelung des US-Dollars von der Golddeckung leitet eine Ära schnell wachsender weltweiter Währungsspekulation ein, eine Art hochempfindliche Finanz-Blase über der produktiven Ökonomie entsteht, die in den Dekaden seitdem extrem gewachsen ist. 1974 wird Nixon infolge des Watergate-Skandals und der Aufdeckung von Spitzelei im Weissen Haus der erste US-Präsident, der von seinem Präsidentschaftsamt zurücktreten muss. Wie in den 50ern stehen sich Saturn, Archetyp der Herrschaft und Kontrolle, und Pluto, der Archetyp vergiftender Gewalt, einander astronomisch im rechten Winkel gegenüber.

1979 unterzeichnen US-Präsident Jimmy Carter, der ägyptische Präsident Anwar Saddat und der israelische Premierminister Menachem Begin ein Friedensabkommen – ein seltenes Ereignis in der Folge von Gewalt und Vergeltung. Der iranische Schah flieht, der schiitische Moslemfüher Ayatollah Khomeini übernimmt den Iran und errichtet ein fundamentalistisches Regime. Tausende werden bei den Kämpfen und Massenhinrichtungen umgebracht. Im selben

Jahr unterstützen die Sowjets einen Coup in Afghanistan und werden in einen 10-jährigen Kampf gegen die Mudschaheddin-Kämpfer hineingezogen, die aus moslemischen Ländern rekrutiert und von den USA massiv unterstützt und finanziert werden. Der Sicherheitsberater Carters, Brezinski, bekundet später stolz, dass die US-Unterstützung für diese Krieger schon vor der sowjetischen Invasion begann und als Falle diente, um den Sowjets ihr Vietnam und enorme menschliche und finanzielle Opfer zu bereiten.

In Europa finden in Nordirland gewalttätige Auseinandersetzungen zwischen Katholiken, die den Anschluss an Irland befürworten und Protestanten, die Teil Grossbritanniens bleiben wollen, statt. England übernimmt die Kontrolle des nord-irischen Parlaments. Die Türkei marschiert auf Zypern ein und löst Kämpfe mit den Griechen aus. Die Militärjunta tritt zurück und der griechische Premier Karamanlis kehrt aus dem Exil zurück.

In Chile wird 1973 der demokratisch gewählte, populäre sozialistische Präsident Salvador Allende in einem CIA-unterstützten Coup ermordet und durch den Militärdiktator Augusto Pinochet ersetzt, der trotz Folter, Ermordungen und dem Verschwindenlassen von Kritikern von der US-Regierung unter Aussenminister Kissinger vehement, aber streng geheim unterstützt wird.

Steve Biko, ein gefangener Studentenführer in Südafrika, stirbt im Gefängnis an Misshandlungen, was zu internationalen Protesten gegen die Apartheid führt. Der südafrikanische Premierminister Botha beginnt mit dem Abbau der Apartheid. In den USA werden zwei sich kreuzende Ereignisse zu Wendepunkten des populären (und studentischen) Widerstandes gegen den Vietnamkrieg: das eine ist die Ermordung von vier Studenten der Kent State Universität in Ohio durch die Nationalgarde; das andere die Veröffentlichung der „Pentagon Papers“ durch einen Insider im Verteidigungsministerium, Daniel Ellsberg, der das geheime Papier über die von langer Hand geplanten geheimen US-Aktivitäten in Vietnam der Presse zugänglich macht. Als Carter 1977 Präsident wird, amnestiert er die ausser Landes geflüchteten Kriegsdienstgegner und fordert sie auf, nach Hause zurückzukommen. Der Supreme Court stärkt die Bürgerrechtsbewegung, indem er die Eingliederung eines Teils der „Bus“-Kinder in die Schulen erzwingt. Eine andere signifikante Entscheidung trifft der Supreme Court im Fall Roe gegen Wade: Er setzt das Recht der Frau auf Abtreibungen durch. Im Senat wird der Gleichberechtigungsgrundsatz für Frauen beschlossen, kann aber aufgrund der Weigerung einiger Bundesstaaten nicht ratifiziert werden. In der Regierungszeit Nixons etabliert sich auch die Umweltbewegung, die Environmental Protection Agency (EPA) wird gegründet, um Wasser- und Luftverschmutzungen zu kontrollieren; ein Gesetz für gefährdete Arten, das bedrohte Lebensräume schützt, wird angenommen.

Der Höhepunkt der Ölproduktion in den USA Mitte der 70er Jahre, begleitet von den OPEC-initiierten Preissteigerungen und Kürzungen, verstärken die allgemeine Beachtung der Abhängigkeit westlicher Industrienationen und besonders der USA vom Öl des Mittleren Ostens. Dies führt auf der einen Seite dazu, dass weitere militärische Interventionen auf die Tagesordnung kommen, um „amerikanische Interessen zu schützen". Andererseits führt es zum positiven Ergebnis verstärkter Regierungsunterstützung für Energiesparmassnahmen (die in den USA allerdings nur von kurzer Dauer sind). Als symbolische Demonstration lässt Carter Solarpanels auf dem Dach des Weissen Hauses installieren – einige Jahre später werden sie unter Reagan wieder entfernt. Des Weiteren wird an der Energiefront die öffentliche Opposition gegen Nuklearenergie durch den Unfall in Three Miles Island verstärkt, bei dem 100 000 Menschen evakuiert werden mussten und der zu einer Zurückhaltung bei der Expansion der Nuklearindustrie führt.

Bewusstseinserweiternde Entwicklungen in Kultur, Wissenschaft und Technik

Die internationale Kooperation in der Weltraumforschung nimmt zu: amerikanische und sowjetische Astronauten machen Nachbarschaftsbesuche, wenn ihre Raumfahrzeuge im Orbit einander nahe kommen. Wie so oft nimmt Hollywood die Zukunft vorweg, mit zwei der grössten Erfolgsfilme aller Zeiten: Steven Spielbergs *Unheimliche Begegnung der Dritten Art* (1977) erkundet die Möglichkeiten irdischer Begegnungen mit Ausserirdischen, und George Lucas' *Krieg der Sterne* (1977) zeigt Kriege um Territorium und Kontrolle in entfernten Gegenden des Weltraums.

Unser Wissen über unser menschliches Wesen in der Vergangenheit wird durch die Entdeckung von Richard Laeky und Kollegen eines Skeletts in Kenia erweitert, das die Anwesenheit erster Menschen auf 2,5 Millionen Jahre vor unserer Zeitrechnung datiert. Alex Haley veröffentlicht seinen Roman *Roots*

(1976), der die kollektive Aufmerksamkeit für die Sklavenvergangenheit der Afro-Amerikaner vertieft. Mikroprozessoren und Faxgeräte beginnen die Büros zu bevölkern. Apple Computer bringt die ersten Personal Computer heraus – das Zeitalter der digitalen Verbindungen beginnt.

Während der 1970er Jahre erreichen einige der gegenkulturellen, bewusstseinserweiternden Bewegungen, die in den Dekaden zuvor initiiert worden waren (Friedens-, Bürgerrechts-, Frauen- und Umwelt-Bewegung und sexuelle Befreiung), einigen begrenzten Erfolg durch Aufnahme in den Rahmen der Politik und der Mainstreamkultur. Die Kräfte der repressiven Staatsgewalt und des militärisch-industriellen Komplexes werden jedoch stärker und einflussreicher, vor allem im Bereich der Drogen und Drogenpolitik. Die Nixon-Gang startet den „Krieg gegen Drogen“ – offenbar weil sie nach der Niederlage von McCarthys „Krieg gegen den Kommunismus“ ohne einen inneren „Feind“ dastanden und damit sozusagen ohne das Grunderfordernis eines zum Faschismus neigenden Staates. Wahrscheinlich mit der einzigen Ausnahme Carters hat seitdem jeder US-Präsident diese Prohibitionspolitik fortgesetzt und verschärft – indem sie die Ängste und Ingnoranz der Bevölkerung verstärkten und gleichzeitig weder den Zufluss von Drogen verhinderten noch etwas für die Abhängigen taten. Die Kriminalisierung jedes nicht-medizinischen Drogengebrauchs schürt eine riesige Untergrundökonomie von gegenseitig verbundenen Schmugglerbanden, Regierungsbehörden und paramilitärischen Truppen im Ausland. Die Gewinne aus diesen illegalen Operationen, die auf einige 100 Milliarden Dollar pro Jahr geschätzt werden, fliessen in das Bankensystem und in die schwarzen Kassen der Regierung zurück.

Die psychedelische Bewegung in den 1970ern

Transpersonale und spirituelle Perspektiven halten Einzug in die Schriften von Pionieren der Wissenschaft und Philosophie, die ein neues Paradigma zur Erweiterung der Newtonschen-Descartschen Weltsicht der westlichen Wissenschaft formulieren. Ich denke hier an die Arbeiten von Autoren wie Fritjof Capra, David Bohm, Arthur Young, Buckminster Fuller, Ilya Prigogine, Rupert Sheldrake, James Lovelock und anderer (Grof, 2000). Neue, radikalere philosophische Perspektiven zu Ökologie und Feminismus wie „Tiefenökologie“ und „Ökofeminismus“, Bioregionalismus und Ökopsychologie werden diskutiert und veröffentlicht.

Die Einstufung psychedelischer Drogen als getestete Substanzen mit keinem medizinischen Wert brachte die wissenschaftliche Forschung mit diesen Substanzen zum Stillstand. Besitz und Gebrauch dieser Substanzen werden ebenso kriminalisiert wie Heroin, Kokain oder Marihuana. Die Politik des Marihuanaverbots wird nun auch auf diese neuen psychedelischen Substanzen ausgedehnt, obwohl allenfalls 10% der Marihuana-Konsumenten sie gebrauchen. Infolge der wachsenden Repression seitens der Regierung ziehen sich viele Individuen aus der psychedelischen Bewegung ebenso zurück wie aus der Forschung zugelassener therapeutischer Anwendungen.

Der Effekt der vielfachen Schocks – hervorgerufen durch die Ermordung charismatischer Führer in den 1960ern, durch die Gefängnishaft von Führern dieser Bewegung wie Timothy Leary sowie durch die Gewalt und Kriminalität in Verbindung mit LSD der Manson-Bande und Hells Angels – zeigt sich in einer vertieften Suche nach der Seele. Der bewusste Gebrauch von Drogen und visionären Pflanzen für Therapie und spirituelles Wachstum geht in den Untergrund und zieht sich ins Private zurück. Von visionären Erfahrungen inspirierte Musiker, Künstler und Autoren setzen ihre Arbeit fort und veröffentlichen ihre Werke.

Andere Lehren der Bewusstseinsentwicklung, wie das asiatische Yoga, der Zen Buddhismus und andere Meditationssysteme, viele Formen transpersonal orientierter Psychotherapie, spirituelle Praktiken des New Age, neu-schamanistische und neu-heidnische Interessen werden kultiviert und durch die Veröffentlichungen von Forschern und Übersetzern akademisch respektabel. Wie eine alte tibetische Prophezeiung vorhersagte, kam „das buddhistische Dharma in das Land des Roten Mannes“. Der Anthropologe Michael Harner beschreibt in seinem Buch *Der Weg des Schamanen* (Harner, 1980) die grundlegenden Techniken und Perspektiven von Schamanen weltweit und beginnt die Prinzipien der schamanischen Reise mit rhythmischem Trommelschlag zu unterrichten.

Die 1980er Jahre

Globale und US-Politik

Die 1980er sind die Jahre, in denen der Griff des kommunistischen Sowjetimperiums auf die osteuropäischen Staaten gewaltlos verloren geht. In den ersten Jahren der Dekade wird die polnische „Solidarnosc", angeführt von Lech Walesa, zur ersten unabhängigen Arbeitergewerkschaft in der Sphäre des Sowjetkommunismus. Unter der Führung von Michael Gorbatschow als Generalsekretär der kommunistischen Partei der UdSSR öffnen ökonomische Reformen und die Politik von Glasnost (Öffentlichkeit) und Perestroika (Umbau) das Sowjetimperium. 1985 unterzeichnen Reagan und Gorbatschow in Washington D.C. das INF-Abkommen und reduzieren übereinstimmend ihre nuklearen Waffenarsenale. Dann werden in einer sich überstürzenden Welle ehemalige Satellitenstaaten der Sojewtunion, darunter Polen, die DDR, die Tschechoslowakei, Ungarn, Litauen, Ukraine, Bulgarien und zuletzt Rumänien auf gewaltlose Weise unabhängig. Der Fall der Berliner Mauer, des schmerzlichen Symbols des Kalten Kriegs, wird von einem Freiheitsjubel der Bevölkerung nach 40 Jahren Trennung begleitet. Die russische Ökonomie stürzt ab, die sozialen Netze kollabieren und die industrialisierte Infrastruktur zerfällt. 1986 explodiert bei dem bisher schlimmsten Nuklearunfall der Welt das Kraftwerk in Tschernobyl, macht das gesamte Umland zu einer radioaktiven Wüste auf unbestimmte Zeit und verursacht Tausende von Todesfällen und Geburtsschäden.

Michail Gorbatschow, 1995, Wien ©wien.at

In den Vereinigten Staaten sind die 1980er die Jahre, in denen der Hollywoodschauspieler und Republikaner Ronald Reagan 1980 als Präsident gewählt und 1984 wiedergewählt wird und ein angebotsorientiertes Wirtschaftsprogramm startet, mit dem die Rezession der späten 1970er Jahre zwar beendet wird, das aber ein explosives Wachstum der Staatsverschuldung mit sich bringt. Unter Reagan und Margaret Thatcher in Grossbritannien verbreitet sich eine „Freier Markt" genannte kapitalistische Politik der Privatisierung und der Vermarktung grundlegender sozialer Dienste in der gesamten westlichen Welt. Millionen von US-Bürgern verlieren ihre Ersparnisse, als zahlreiche Spar- und Renteneinrichtungen sowie die Bundesversicherungsanstalt zusammenbrechen. Unabhängige Nachforschungen ergeben, dass der Zusammenbruch der Sparkassen von einer Schattenregierung gesteuert war und einen massiven Transfer von Vermögen von der Arbeiterklasse zu den Eliten der Finanzwelt bewirkte. Der Krieg gegen Drogen, konzentriert auf Heroin und Kokain, wird unter Reagan energisch verschärft und führt zu einer Überfüllung der Gefängnisse. Der Zusammenhang dieser repressiven Drogenpolitik mit dem Drogenhandel in den Kriegen von Vietnam und Lateinamerika wird von einigen mutigen Journalisten aufgedeckt – in den Mainstreammedien indessen wird darüber nicht berichtet (Scott, 2003). Die Rhetorik des „Drogenkriegs" dient dazu, ein Klima der Angst in der allgemeinen Bevölkerung zu verstärken (natürlich nicht bei den tatsächlichen Drogennutzern, sondern bei allen anderen) und dient dazu, wachsende soziale Kontrollmechanismen zu propagieren und führt zum weitverbreiteten Vertrauensverlust in den sozialen Kontrakt.

Unter Reagan erreichen fundamentalistische Christen schreckliche Macht und Einfluss in der republikanischen Partei und dominieren die öffentliche Debatte in den Medien immer stärker. James Watts, Reagans Innenminister, ist ein bekennender Anhänger des Armaggedon-Szenariums wie Millionen von anderen Gläubigen, nach deren Glaube die drohende Umweltkatastrophe ein willkommenes Zeichen der drohenden triumphalen Wiederkehr des „Herrn" darstellt. Konsequent werden die unter Nixon und Carter installieren Umweltschutz- und Energiespar-Massnahmen zurückgeschraubt. Diese politische Richtung setzt sich mehr oder weniger direkt in den nächsten Jahrzehnten fort und übernimmt unter dem Regime von G.W.Bush im Weissen Haus die Vorherrschaft. In einer Art düsteren Synchronizität verseuchen 1989 beim Sinken des Tankers Exxon Valdez 10 Millionen Gallonen Öl das Wasser und das natürliche Leben Alaskas – es ist das schlimmste Unglück der Ölindustrie und es dauert Jahre, die Schäden zu beseitigen.

Im Mittleren Osten entzündet sich die Gewalt zwischen der PLO und Israel erneut in einem Krieg. Zwischen Irak und Iran tobt ein Krieg, bei dem der Irak von den USA offen und der Iran verdeckt unterstützt wird. Die amerikanische Politik wird von einem Skandal erschüttert, als entdeckt wird, dass die Vereinigten Staaten während des Irakkriegs Waffen an den Iran verkauften und mit den Profiten die Contra-Terroristen Nicaraguas unterstützen. Der Kongress untersucht die „Iran-Contra"-Affäre; die verdeckten „Schwarzkassen"-Operationen der CIA kommen teilweise ans Licht, aber diese Informationen werden wirksam neutralisiert. Der Iran-Irak-Krieg endet 1988: nach 8 Jahren und 1,5 Millionen Toten.

Nachdem die Sandinisten in Nicaragua zu Macht gelangen und Friedensangebote an die USA machen, setzt die amerikanische Politik ihre Unterstützung der Contras in ihrer Revolte gegen die Regierung fort (1985). Beweise für die Anschuldigung tauchen auf, dass Militäroperationen in Zentralamerika – der „Contra"-Krieg und die Todesschwadronen in verschiedenen Ländern (Guatemala, Honduras, Nicaragua, Kolumbien) mit Waffen und Training seitens der CIA unterstützt und teilweise mit Schwarzgeld aus dem Drogenhandel finanziert werden. Das Muster in diesen Ländern ist immer gleich: die kleinste Bewegung in Richtung Demokratie oder nur nationale Interessen, unter Vernachlässigung der kolonialen Bindung an US-Konzerne, wird mit offiziellem Widerstand und in der Folge mit gewaltsamer Unterdrückung der rebellierenden Bevölkerung beantwortet. Am Ende bleibt die Land besitzende Elite mit Unterstützung der USA an der Macht, und die Armen bleiben arm und hilflos.

Gegen Ende der Dekade wird 1989 in Chile mit der Wahl von Patricio Aylwin zum Präsidenten das brutale Militärregime des Generals Augusto Pinochet beendet. Gewalt zwischen den Religionsgruppen erschüttert Indien und löst staatliche Gewalt aus, als die Premierministerin Indira Ghandi Truppen an den Goldenen Sikh Tempel sendet. Hunderte Zivilisten werden ermordet. In China führen lange und ausdauernde Studentenproteste zur gewaltlosen Besetzung des Platz des Himmlischen Friedens, die von den Behörden brutal niedergeschlagen wird. Über 500 Demonstranten werden getötet.

Zusammengefasst: in den 1980er Jahren bricht das Sowjetimperium und seine Version des bürokratischen Kommunismus zusammen, während das amerikanische Finanz- und Industrie-Imperium seinen Griff auf die heimische Bevölkerung und die Klientenstaaten in Übersee verstärkt.

Bewusstseinserweiternde Entwicklungen in Kultur, Wissenschaft und Technik

Voyager 1, eine NASA-Sonde, erforscht 1981 den Saturn. Der erste Spaceshuttle Columbia startet und absolviert seine erste erfolgreiche Mission im Weltraum. 1986 jedoch explodiert der Spaceshuttle Challenger nach dem Start. Die Astronauten werden getötet, das US-Raumfahrtprogramm erhält einen Rückschlag.

AIDS wird als Epidemie erkannt und seine Verbreitung führt zu einer Bremsung der teilweise überschäumenden sexuellen Revolution. Die schwule Subkultur wird angeregt, erfolgreiche neue Formen des sozialen Aktivismus und eine tiefere Achtsamkeit vor Krankheit, Tod und Heilung zu entwickeln. Ausser AIDS entwickeln sich in den 1980er Jahren und den folgenden Dekaden neue Krankheiten wie Ebola, Borreliose und SARS. Wegen der ständig wachsenden Menge von Menschen, die unter armseligen Bedingungen leben, und wachsenden globalen Reisetätigkeit können sich Epidemien sehr leicht ausbreiten.

Viele der Protagonisten der Gegenkultur der 60er und 70er gehen in den Untergrund, sowohl privat als auch in Gemeinschaften. Die Bewegungen vertiefen sich weiter, verzweigen und entwickeln sich und reichen in alle gesellschaftlichen Bereiche: in die akademische Welt, die der Bildung und der Religionen. Radikale ökologische Bewegungen – Tiefenökologie, Ökofeminismus, Bioregionalismus, Ökopsychologie – fordern den Anthropozentrismus der konventionellen Weltsicht heraus. Ein Spektrum von Bewegungen für Frauenrechte, Bürgerrechte und soziale Gerechtigkeit entsteht und wird zunehmend politisch aktiv. Die transpersonale Psychologie entwickelt eine Sprache der spirituellen Erfahrungen und Werte jenseits der Konzepte spezieller Religionssysteme; die spirituellen Lehren Asiens wie indisches Yoga, Zen oder Tibetischer Buddhismus und andere verbreiten sich und viele asiatische Lehrer lassen sich im Westen nieder. Diese Bewegungen werden als Beiträge anerkannt, die gesellschaftlichen Krankheiten zu mildern und soziales Bewusstsein, Engagement und Aktivität zu fördern. Astrologisch ist während den 80ern die wohltätige Ausdehnung von Uranus verbunden mit der befreienden Kreativität von Uranus.

Wichtige Bücher und Filme in den 1980er Jahren sind: Steven Spielbergs *E.T.* – eine einzigartige und starke Geschichte über den Besuch eines nichtbedrohlichen Ausserirdischen; John Hustons *The Dead*, das letzte Testament des irischen Meisterregisseurs, nach einer Geschichte von James Joyce; sowie zwei Bücher von afro-amerikanischen Frauen: Alice Walkers *Die Farbe Lila* und Tony Morrisons *Menschenkind* – beides starke Erzählungen über die Sklavenrolle der Frau unter der doppelten Unterdrückung durch Rassismus und Sexismus; Salman Rushdie erhält für *Satanische Verse* (1988), einen satirischen Roman über den Islam, Todesdrohungen der Islamisten.

Die psychedelische Bewegung

Für die Mainstreamkultur wird die Nutzung psychedelischer Drogen zu einer Fussnote im „War on Drugs". Die Benutzung klassischer psychedelischer Substanzen zum Zwecke der Heilung und des psycho-spirituellen Wachstums bleiben nahezu unsichtbar im Untergrund. Marihuana ist und bleibt in der Mitte des umkämpften Feldes: lebensrettende und geistfördernde Medizin für Millionen und Tabu für die politische Klasse.

Alexander und Ann Shulgin (aus dem Buch TiHKAL, 1997)

Alexander Shulgin stellt MDMA her, das erste von vielen „Empathogenen", das als nützliches Werkzeug in der Psychotherapie genutzt wird. Anders als andere Halluzinogene erstreckt es sich nur auf den Bereich emotionaler Achtsamkeit und lässt die physiologische Wahrnehmung unberührt. Es erzeugt einen Zustand der Empathie (daher „Empathogene"), der meditativem Ausgleich und emotionaler Balance ähnelt. Aufgrund ihrer euphorisierenden Eigenschaften findet die Droge ihren Weg von der Therapeutencouch auf die Strasse, wird dämonisiert und illegalisiert und folgt so dem Muster von LSD in den 1960ern: die ursprünglichen positiven Ergebnisse in der Psychotherapie führen zu einer Popularisierung und anschliessender Kriminalisierung – aufgrund von häufig gefälschten oder zweifelhaften Beweisen (Holland, 2001). Rave-Tanz-Parties, bei denen Tausende mit dem nun als Ecstasy bekannten MDMA feiern, ebenso wie Technomusik und Lightshows breiten sich von England ausgehend über die USA und die Welt aus. Diese neue dionysische Ausgelassenheit ist in der Mittelklasse der Vorstädte ebenso wie in der Jugendkultur verbreitet – das feiernde, sinnliche und lebensbejahende Ethos der 1960er erfährt eine Wiederbelebung. Astrologische Verbindungen zwischen der befreienden Energie von Uranus und dem mystischen, entgrenzenden Archetyp von Neptun charakterisieren diese Ära.

Die visionäre Pilzkultur, die besonders mit der 60er-Jahre-Rockband Gratefull Dead aus Kalifornien verbunden ist, gewinnt ebenso wie die in Brasilien entstandene Ayahuasca-Kultur neue Anhänger und breitet sich international aus. Der Begriff „Entheogene" („verbunden mit dem Heiligen im Inneren") kommt in Gebrauch, um schamanistische Sakramente indigener Kulturen wie Peyote, Psilocybin-Pilze und Ayahuasca zu beschreiben. Wie die Ende des 19. Jahrhunderts in die ursprüngliche amerikanische Kultur als Sakrament integrierte Peyote-Kultur folgen die aus Brasilien stammenden Ayhuasca-Kirchen einem ähnlichen Weg in den Vereinigten Staaten und Europa.

In der Santo Daime-Kirche wird das entheogene Sakrament unter Gesang und Tanz in Gruppenzeremonien zelebriert; das empathogene Ecstasy wird bei Rave-Veranstaltungen von grossen Gruppen eingenommen. Eine einführende Gelegenheit zur Erfahrung mit visionären Pilzen bieten nach wie vor Gratefull Dead-Tanz-Konzerte. Wie in der Dionysos-Religion der Alten Welt ist ekstatische Bewusstseinserweiterung mit Musik und Tanz verbunden. Die breite Skala des Gebrauchs von Substanzen, die von der Mainstream-Gesellschaft abgelehnt werden und verboten sind, haben sich in den Untergrund bewegt, wo sie sich unsichtbar wie Pilz-Myzel verbreiten, indem sie nicht-hierarchische, zwanglose, internationale Netzwerke der Teilnahme, Erdverbundenheit und lebensbejahende Feiern ins Leben rufen.

Die 1990er Jahre

Globale und US-Politik

Die Unabhängigkeitserklärungen baltischer und zentralasiatischer Republiken beenden offiziell die Sowjetunion: die Macht wird der kommunistischen Partei entrissen – Boris Jelzin (und später Wladimir Putin) werden Präsidenten des neugeschaffenen Russland. In Tschetschenien dauert der sezessionistische Guerillakrieg an und wird wahrscheinlich vom westlichen Interesse an Öl-Pipelines angetrieben. Unter dem Einfluss von kapitalistischen „Freier Markt"-Erpressern aus dem Westen wird der Rubel entwertet, internationale Kredite nicht länger bedient, die Einkommen der meisten normalen Russen sinken deutlich und grosse Teile der Ökonomie entwickeln sich in Schwarzhandel und Tauschgeschäfte zurück.

Der Kollaps des Sowjetimperiums hinterlässt die Vereinigten Staaten als einzige Supermacht, die zunehmend an nichts Anderem als an militärischer und ökonomischer Hegemonie rund um den Globus interessiert ist. Als Teil dieses imperialistischen Projekts sendet Präsident Bush der Ältere 1991 400 000 Soldaten nach Saudi-Arabien und nutzt die irakische Annexion kuwaitischer Ölfelder als Vorwand, eine Machtstellung in der Region zu etablieren. Zusätzlich setzen Einflussgruppen der USA und der UN harte Sanktionen gegen den Irak durch, der in der folgenden Dekade die Ökonomie und Infrastruktur schwächt und Tausenden Zivilisten das Leben kostet.

Anschläge auf amerikanische Botschaften durch islamistische Terroristen unter dem Kommando Osama Bin Ladens, der ursprünglich als CIA-Agent rekrutiert wurde, um die Sowjets in Afghanistan zu bekämpfen, führt zu Gegenschlägen in Afghanistan und Sudan. Die Ermordung des israelischen Premierministers Yitzhak Rabin durch einen rechtsgerichteten Studenten, der wütend darüber war, dass Rabin einige besetzte Gebiete unter palästinensische Kontrolle geben wollte, führt zu einem Rückschlag des israelisch-palästinensischen Friedensprozesses.

In den USA wird der ehemalige Gouverneur von Arkansas Bill Clinton 1992 und 1996 zum Präsidenten gewählt. Clinton übersteht den Versuch des republikanisch kontrollierten Kongresses, ihn wegen Lügen über eine Sexaffäre im Weissen Haus abzusetzen. Die Themen Sex und Rasse spielen in dieser Dekade der US-Politik eine grosse Rolle. Der Senat stimmt der Nominierung des Afro-Amerikaners Clarence Thomas als Richter des Supreme Court trotz Vorwürfen der afro-amerikanischen Rechtsprofessorin Anita Hill wegen sexueller Belästigung zu. In Los Angeles brechen Rassenunruhen aus, nachdem ein durchgängig weisses Schöffengericht die weissen Polizisten freispricht, die den schwarzen Rodney King brutal verprügelt hatten, wie auf einem Video festgehalten worden war. Der schwarze Footballheld O. J. Simpson wird in einem rassistisch getünchten, sensationsheischenden Mordprozess vom Mord an seiner Frau Nicole freigesprochen.

Die Dekade ist ausserdem von spektakulären Gewaltakten und Zerstörungen in den USA gekennzeichnet. Bundesagenten belagern und stürmen die Ranch der „Davidian"-Sekte in Waco (Texas) – die Belagerung endet, als die Bundesagenten das Gelände stürmen, das in Flammen aufgeht, wobei Dutzende Menschen getötet werden. Der Bombenanschlag auf das Murrah-Bundesgebäude in Oklahoma City, vermutlich durch Mitglieder rechtsgerichteter rassistischer Milizen, tötet 168 Menschen. Zwei Teenager ermorden 1999 15 Studenten und verletzen weitere 23 bei einer Schiesserei an der Columbine High School in Littleton (Colorado).

Auf der gewaltlosen Seite der Bilanz steht der Zusammenbruch der Sowjetherrschaft über Ostdeutschland, der zur Wiedervereinigung der seit dem Zweiten Weltkrieg getrennten Deutschlands führt. Der Kalte Krieg taut weiter auf: mit der Konferenz für Sicherheit und Zusammenarbeit in Europa und der Reduktion von Waffen durch die NATO und den Warschauer Pakt. Eine zarte Blüte des Friedens wächst in Nordirland mit der Unterzeichnung des Karfreitags-Abkommens nach 22 Monaten Verhandlung und 30 Jahren Gewalt.

Die Bundesrepublik Jugoslawien, geschaffen 1918, fällt auseinander, zuerst friedlich, als Slowenien und Kroatien ihre Unabhängigkeit erklären, denen Bosnien, Herzegowina und Mazedonien bald folgen. Doch der machthungrige serbische Präsident Milosevic widersetzt sich der Ablösung von Kosovo und Albanien, das Einschreiten der serbischen Miliz führt zu einem Bürgerkrieg, der von ethnischen Säuberungen der moslemischen Bevölkerung gekennzeichnet ist. Unterstützt von Bombardements der USA zieht die NATO in einen Krieg gegen Rest-Jugoslawien, der dreieinhalb Jahre dauert und 20 000 Menschenleben kostet.

In Haiti endet die langanhaltende Diktatur von Vater und Sohn Duvalier als der ehemalige Priester Jean-Bertrand Aristide Haitis erster gewählter Präsident wird. In El Salvador endet ein jahrzehntelanger Bürgerkrieg mit einem Abkommen zwischen Regierung und Rebellen. Mit der Unterzeichung des North American Free Trade Agreement (NAFTA) durch Kanada, Mexiko und die USA ensteht der weltgrösste Handelsblock. Einen Tag nach der Unterzeichnung beginnen in Chiapas, Mexiko, die Zapatisten ihren Aufstand, mit dem sie gegen die Ausbeutung des Landes und der Gemeinden der Eingeborenen durch internationale Konzerne protestieren. Die Wirtschaft Mexikos gerät ins Trudeln, als der Peso kollabiert und von den USA mit 20 Milliarden Dollar gestützt werden muss.

In Südafrika wird Nelson Mandela nach 27 Jahren aus dem Gefängnis entlassen, die Apartheidsgesetze werden abgeschafft und die ersten gemischtrassigen freien Wahlen führen zum Triumph des African National Congress und der Wahl Mandelas zum Präsidenten. Der relativ gewaltlose Niedergang der Apartheid wird in hohem Grade auf die internationale Basisarbeit der „Disinvestment“-Kamapagne zurückgeführt, die Privatpersonen und Institutionen drängt, ihre Investitionen aus Südafrika abzuziehen. Die US-Regierung war indessen ein standhafter Unterstützer des Apartheid-Regimes gewesen.

In Zentralafrika kommen die Präsidenten von Ruanda und Burundi bei einem Flugzeugunglück in der Nähe der ruandischen Hauptstadt ums Leben, was den Anlass zum Bürgerkrieg zwischen den Hutu- und Tutsi-Stämmen gibt. Bei dem folgenden staatlich unterstützten Völkermord werden in wenigen Monaten 800 000 Tutsis von der Mehrheit der Hutus ermordet. Flüchtlinge entkommen der Gewalt in die Nachbarländer Zaire, Burundi und Tansania.

In Ost-Timor wählt die Bevölkerung in einem UN-geförderten Referendum die Unabhängigkeit von Indonesien. Dies löst eine Vergeltung des indonesischen Militärs aus (das von den USA ausgebildet wird); die kleine Insel wird gestürmt und 200 000 Menschen – ein Drittel der Bevölkerung – wird ermordet. In Indien zerstören tausende Hindu-Extremisten eine Moschee und entfachen dadurch einen Kampf zwischen Hindus und Moslems, der in zwei Monaten tausende Menschenleben heischt.

Auf planetarischer Ebene bringt El Niño, eine starke periodische Erwärmung des Pazifischen Ozeans, das Weltklima und die üblichen Wetterabläufe durcheinander. Durch den Hurrikan „Mitch", der die Karibik und Zentralamerika trifft, werden Tausende getötet und die durch jahrelange Arbeit geschaffene Infrastruktur zerstört.

Zusammenfassend sahen wir in der Dekade der 1990er eine vielfältige Explosion nationalistischer und ethnischer Gewalt, doch auf der anderen Seite ebenso erstaunliche Beispiele friedlicher Ablösung imperialistischer Systeme (Sowjetunion, Südafrika). Die riesigen multinationalen Konzerne drängen auf weiteren und ungehinderten Zugang zu Kapital und Märkten, die sie fälschlich „Freihandel" nennen. Die ökonomische Globalisierung wird von militärischen Interventionen unterstützt. Eine wachsende Zahl von Stimmen kritisiert die ökonomische Globalisierung und die damit verbundenen Ungerechtigkeiten und Ausbeutungen menschlicher und natürlicher Ressourcen. Die „Schlacht von Seattle" im Jahre 1999 ist der erste grössere Strassenprotest gegen die wachsende ökonomische Herrschaft und Ausbeutung durch Konzerne und mit ihnen verbundener Regierungen. Die Warnungen von Wissenschaftlern vor drohenden Umweltkatastrophen in globalem Ausmass (Klimawandel, Artenzerstörung, Überbevölkerung, Verschmutzung, Entwaldung, erschöpfte Ressourcen) verbreitet sich zunehmend im kollektiven Bewusstsein.

Bewusstseinserweiternde Entwicklungen in Kultur, Wissenschaft und Technik

Einige historische Fortschritte in der Weltraumforschung werden erzielt: der Spaceshuttle Discovery startet von Cape Caneveral und bringt das Hubble-Teleskop in Position, das aufregende Bilder kosmischer Ereignisse und Objekte liefert. Das erste Rendezvous eines NASA-Raumschiffs mit der russischen Raumstation Mir findet statt; die NASA-Sonde Pathfinder landet auf dem Mars.

Die Internet Society wird gegründet: mit der Verbindung von einer Million Host-Rechnern beginnt ein nie dagewesenes globales Wachstum der Vernetzung. Der schwindelerregende Anstieg und die Verbreitung des Internets zieht eine globale Vernetzung nahezu aller Lebensbereiche nach sich – von der Kriminalität über den Kommerz zur Wissenschaft, Bildung, Information (einschliesslich der Informationen über Drogen) und aktivistischer Solidarität. Informierte Quellen weisen darauf hin, dass viele der kreativsten Neuerer der Internet- und Digital-Technologie von ihren psychedelischen Experimenten inspiriert waren (Markoff, 2005).

Filme die den Geist dieser Zeit verkörpern sind: Kevin Costners Der mit dem Wolf tanzt, der das Erbe der Indianer und die Tragödie des Verlustes ihrer Kultur im 19. Jahrhundert würdigt sowie Steven Spielbergs Schindlers Liste, der die Opfer des Holocaust und den Mut von Individuen würdigt, der völkermordenden Führerschaft zu widerstehen.

Die psychedelische Subkultur: Integration im Internet

Die prohibitionistische Politik des Drogenkriegs wird – gegen jede Logik, Gerechtigkeit und Vernunft – fortgesetzt und führt zur Einkerkerung hunderttausender überwiegend schwarzer Individuen wegen eines Verbrechens ohne Opfer: des Besitzes von Marihuana. Die Prohibition und die begleitenden Propagandakampagnen führen nicht zu einem Ende der Drogennutzung oder des Drogenimports und lösen auch die mit dem Drogenmissbrauch verbundenen Gesundheitsprobleme nicht. Die Vereinigten Staaten sind zunehmend isoliert im Vergleich mit anderen westlichen Nationen, deren Fokus in Sachen Drogenpolitik sich mehr und mehr auf die Schadensreduzierung konzentriert. Der Drogenkrieg erzeugt ein Klima der Angst in der Öffentlichkeit und stärkt den Einfluss der privatisierten Gefängnis-Konzerne. Die Prohibition und die damit verbundenen Ängste führen zu einer Schrumpfung des Bewusstseins, psychedelische Substanzen werden zu einem Tabu. Die Arbeit mit bewusstseinserweiternden Methoden (mit oder ohne Drogenunterstützung) setzt sich in der Privatsphäre fort.

Der psychedelische Untergrund lebt weiter, gewinnt Erfahrungen und eine deutlichere Richtung zu heilenden, therapeutischen und spirituellen Werten. Schamanische Praktiken, Arbeit mit tierischen, pflanzlichen und spirituellen Verbündeten, Kräuter- und Naturmedizin, biologischer Anbau und Ernährung nehmen allesamt stark zu. Neuer, bewussterer, nicht-medizinischer, auf Familie und Haus gegründeter Umgang mit der Geburt, dem Sterben und dem Tod gewinnen mehr Anhänger. Alternative Medizinsysteme erfahren grössere Akzeptanz, besonders chinesische Akupunktur, indisches Ayurveda und die Heilsysteme von Naturvölkern. Eine Sicht auf die Welt als lebendiges System, die auf Vernetzung und gegenseitige Verbundenheit setzt, statt auf atomistischen, linearen Determinismus, breitet sich in philosophisch-wissenschaftlichen Zirkeln aus, besonders in den Arbeiten von Autoren wie Erwin Laszlo, Fritjof Capra und Joanna Macy. Diese Weltsicht der Vernetztheit stimmt mit den alten ursprünglichen Lehren überein, in denen der Kosmos und alle seine Teile als lebendiges Gesamtsystem gesehen werden.

Der Beginn des neuen Jahrtausends (2000-2005)

Globale und US-Politik

Bei der Präsidentenwahl im Jahr 2000 gewinnt der Republikaner George W. Bush, der gegen Al Gore antritt, zwar keine Mehrheit in der Bevölkerung, aber er gewinnt die Mehrheit des Wahlausschusses. Eine umstrittene Nachzählung in Florida endet, als der Supreme Court diese Nachzählung für verfassungsrechtlich problematisch erklärt und schliesslich das Amt Bush zuspricht. Viele Amerikaner sehen dies als einen vom Gericht unterstützten Staatsstreich, mit dem rechtsgerichtete Republikaner und mit ihnen verbundene fundamentalistische Christen an die Macht gebracht werden. Vertreter einer neo-konservativen, imperialistischen Rolle der USA in der Weltpolitik erlangen Spitzenpositionen in der Regierung (Vizepräsident, Verteidigungsminister, Generalstaatsanwalt) und beginnen ihre Pläne durchzusetzen: Aufkündigung der internationalen Abkommen zur Nuklearwaffenkontrolle, Unterminierung nationaler und internationaler Umweltschutzabkommen, Reduzierung des Einflusses der Vereinten Nationen, Wachstum der Militärausgaben und das Recht, jederzeit präventive Kriege gegen jede Nation zu führen, die für feindlich gehalten wird oder der US-Hegemonie bedrohlich werden könnte.

Am 11. September 2001 krachen bei der schlimmsten Attacke auf amerikanischem Boden seit Pearl Harbor entführte Flugzeuge in die Türme des World Trade Centers und lösen Explosionen und Feuer aus, in deren Folge die beiden Türme und ein weiteres Hochhaus in der Nähe zusammenstürzen. Über dreitausend Menschen sterben. Der Schock und die Angst haben das Land im Griff. Die Regierung erklärt, die Anschläge seien von dem islamisch-arabischen Terrornetzwerk Al Qaida ausgeführt und von Osama Bin Laden geleitet worden, der in den 1980er Jahren als CIA-Agent die Mudschaheddin-Kämpfer gegen die Sowjets in Afghanistan angeführt hatte. Der US-Präsident erklärt den „Krieg gegen Terroristen" und teilt die Welt in die „für uns" und die „gegen uns". Unter dem Vorwand des Schutzes der „Heimatsicherheit" beginnt ein systematischer Abbau verfassungsmässiger Rechte, begleitet von einer angstschürenden Propaganda, mit der die Rechtfertigung für Polizeistaatsgesetze (genannt „Patriot Act") durchgesetzt werden und jeder Widerspruch mit Drohungen oder durch Lächerlichmachen niedergewalzt wird. Die Anschläge des 11. September werden benutzt, um Kriege gegen Afghanistan und Irak zu beginnen, so wie

Pearl Harbor benutzt wurde, um den Eintritt Amerikas in den Zweiten Weltkrieg zu rechtfertigen und der brennende Reichstag 1933 von Hitler, um seinen Polizeistaat zu etablieren.

Aufkommende Fragen über das offizielle Vorauswissen über die Attacken wurden nie beantwortet. Nachforschungen, die die offizielle Erklärung zu den Anschlägen in Frage stellen, zwingen die Regierung eine offizielle 9/11-Untersuchungskommision einzusetzen, die ihren Bericht 2004 veröffentlicht. Kritische Stimmen weisen auf zahlreiche Widersprüche und Auslassungen in diesem Bericht hin, was ernsthafte Forscher zu dem Schluss führt, dass die ganzen Anschläge ein „inside job" waren, den mächtige Schattengruppen innerhalb des US-Establishments möglicherweise in Verbindung mit Geheimdiensten anderer Länder wie Israel und Pakistan durchführten (Ruppert, 2004; Griffin und Scott 2007). Wie die immer noch unbeantworteten Fragen zum Kennedy-Mord bleibt das Thema eine schmerzende offene Wunde in der kollektiven Psyche des amerikanischen Volkes.

Bei der Wahl 2004 gewinnt Bush gegen Senator John Kerry in einer äusserst knappen Wahl, die von anhaltenden Beschwerden über Betrug bei den elektronischen Wahlmaschinen begleitet ist. Diese Fragen wurden umfassend debattiert und untersucht, sind jedoch bis heute nicht befriedigend beantwortet worden, was dazu führte, dass eine wachsende Zahl der Bevölkerung den gesamten Wahlprozess für korrumpiert und betrügerisch hält.

Für die christlichen Fundamentalisten ist die amerikanische Invasion des Irak und das folgende brutale Abschlachten tausender unschuldiger Bürger in diesem und anderen Ländern Teil eines göttlichen Plans, der letztendlich in Armageddon und der zweiten Ankunft von Jesus Christus münden wird. Christus wird ein Reich über den ganzen Globus berherrschen, die Gläubigen retten und die Ungläubigen und nicht-konforme Christen in die ewige Verdammnis stossen. Für Millionen christlicher Fundamentalisten ist dies eine prophetische Vision, die in der Bibel vorhergesagt wird. Die christlichen Fundamentalisten Amerikas sind zur Zeit die fanatischsten Anhänger der globalen imperialistischen Kriege der Neokonservativen.

In Russland wird der ehemalige KGB-Chef Wladimir Putin zum Präsidenten gewählt. Er konsolidiert die Zentralverwaltung und wendet die russische Regierung zu einer autokratischeren Politik. Die blutige Auseinandersetzung zwischen Russen und tschetschenischen Moslems dauern an. Die USA, die mit Hilfe der Mudschaheddin die Russen aus Afghanistan vertrieben haben, beginnen ein vernichtendes Bombardement des Landes, stürzen das Regime der Taliban und sichern eine Öl-Pipeline aus Zentralasien ans Meer. Den Anlass für die Angriffe war, dass der angebliche mastermind der Anschläge des 11. Septembers, Osama Bin Laden, und seine Al Qaida-Bande sich angeblich in Afghanistan versteckt hielten. Bald aber schon wurde klar, dass Afghanistan nur ein erster Schritt einer Kampagne war, die amerikanische Herrschaft auf Gebiete mit strategisch wichtigen Ressourcen, besonders Öl, auszudehnen. Ein sehr viel grösserer Preis – Irak – fiel Amerikas globalem Herrschaftsanspruch dann bald zu. Die Begründung für die Invasion des Irak 2003 beruhte vor allem auf der Behauptung, Irak besitze Massenvernichtungswaffen und unterstütze den internationalen Terrorismus – beide Behauptungen wurden spätestens 2005 völlig diskreditiert. Der eigentliche Grund hinter den Invasionen in Afganistan und Irak wird mittlerweile überall auf der Welt darin gesehen, dass es um die Sicherung von Ölreserven (im Irak) und Pipelines (in Afghanistan) für amerikanische und westliche Konzerne ging. Ein zusätzliches amerikanisches Interesse für eine Invasion in Afghanistan war die Wiederbelebung der Opium-Produktion, welche die Talibans untersagt hatten und die seit der Abschaffung dieses Verbotes neue Rekorde erreicht hat. Untersuchungen von Peter Dale Scott und andere haben die bedeutende Rolle des internationalen Drogenhandels zur Finanzierung von paramilitärischen Operationen der CIA in Afghanistan dokumentiert – genau wie in Lateinamerika und zuvor schon in Vietnam (Scott, 2003).

Unabhängige Berichterstatter und Enthüllungsjournalisten werden zu Stimmen des Gewissens in einer Situation, in der nationale Regierungen in wachsendem Masse von multinationalen Konzernen abhängig und manipuliert werden und deren verbündeten Schattenmächte ganz und gar ausserhalb der etablierten Ordnungen von Recht und politischen Institutionen operieren.

Im Mittleren Osten geht das Blutvergiessen weiter. Die israelische Besetzung palästinensischer Gebiete, die von der UN und den meisten Ländern verurteilt und von den USA unterstützt wird, dauert an; ebenso wie die Anschläge palästinensischer Selbstmordattentäter. In Afrika brechen neue Völkermorde aus: Janjaweed, eine regierungsgestützte arabische Miliz im Sudan, wird angeklagt, in Darfur 70 000 schwarze Afrikaner ermordet und eine Million in die Flucht getrieben zu haben.

Ein neuer Virus namens SARS erregt Aufmerksamkeit in der Welt, nachdem Anfang 2003 ausgehend von China über 8 000 Menschen infiziert werden und 774 sterben, bevor das Virus entdeckt wurde. Der Ausbruch der Vogelgrippe 2005 in China nährt die Ängste einer globalen Grippeepidemie. Gesundheitsforscher hatten schon seit Jahren davor gewarnt, dass die wachsende globale Vernetzung und die Entwicklung von Bakterien und Viren, die gegen Antibiotika resistent sind, zu neuen globalen Seuchen führen könnten. Afrika ist der Kontinent mit der schnellsten wachsenden Zahl von AIDS-Kranken und zahlreichen infizierten Waisenkindern. Die Ernährungsbehörde der Vereinten Nationen veröffentlichte eine Warnung, dass 38 Millionen Menschen in Afrika vom Hungertod bedroht sind, davon 18 Millionen allein in Äthiopien, Eritrea und Sudan.

Als sich 2002 in Kalifornien Stromsperren und Blackouts ereignen, lehnt Präsident Bush Preiskontrollen auf Elektrizität ab und verschärft so die Energiekrise. Später stellt sich heraus, dass diese Krise das Ergebnis der Abzocke des deregulierten und „freien" Energiemarkts durch den Energie-Riesen Enron war, dessen Geschäftsführer später wegen Betrugs verurteilt wurden, nachdem tausende Angestellte ihre Pensionsersparnisse verloren hatten.

Im Jahr 2003 werden Grossstädte an der Ostküste und in Kanada von Blackouts heimgesucht. Von den Stromausfällen sind Millionen über mehrere Stunden bis zu einem ganzen Tag betroffen. Ausser diesen periodischen Ausbrüchen von Energieknappheit, die von einem nicht funktionierenden Leitungsnetz und Pfuscherei verursacht werden, sind in den letzten Jahren im kollektiven Bewusstsein auch ernsthaftere Bedenken erwachsen: in Form des „Peak Oil"-Phänomens, des unausweichlichen Niedergangs der Welt-Ölproduktion. Da Petroleum die Basis und das Lebens-Blut für die industriellen Zivilisation bedeutet, haben die in Zukunft versiegenden Ölvorkommen (nach verschiedenen Schätzungen werden in 10 bis 30 Jahren die letzten Reserven verpufft sein – einige Experten meinen sogar schon früher) katastrophale Auswirkungen. Im Februar 2005 hielt ein Bericht des US-Energieministeriums, der Hirsch-Report, fest:

„Die zurückgehende globale Ölproduktion stellt die USA und die Welt vor ein beispielloses Problem des Risikomanagements. Wo der Rückgang erreicht ist, wer-

den Preise für flüssige Treibstoffe stark schwanken und dramatisch wachsen, was umgehend zu beispiellosen ökonomischen, sozialen und politischen Kosten führt. Zwar existieren sowohl auf der Angebots- wie auf der Nachfrageseite geeignete Gegenmassnahmen, doch um einen wirksamen Einfluss zu haben, müssen sie mehr als eine Dekade vor dem Rückgang initiiert werden." (Heinberg, 2004).

Die globale Energiekrise enthüllt sich vor dem Hintergrund eines globalen Klimawechsels. Wissenschaftler behaupten, dass die globale Erwärmung zu extremeren und zerstörerischen Stürmen führt. Die wachsende Globalerwärmung ist auch mit dem Schmelzen der Polarkappen verbunden und erhöht dadurch die Wahrscheinlichkeit von Überschwemmungen von Küstenländern. Europa erlebt im Sommer 2000 die stärksten Fluten seit einem Jahrhundert; in Deutschland Österreich und Tschechien verursachen sie grosse Aufräumarbeiten, tausende Menschen müssen evakuiert werden. Die Hurrikans Katrina und Rita zerstörten 2005 die Region der Golfküste in den USA, grosse Pipelines wurden zerstört, hunderte Menschen getötet, hunderttausende mussten evakuiert werden: die Stadt New Orleans wird verwüstet. Massive Erdbeben richten Zerstörungen an und fügen unzählige Tote zur Litanei der Naturkatastrophen hinzu, welche die Erde heimsuchen – neben all den von Menschen verursachten Katastrophen. Im Dezember 2004 erschütterte ein Beben der Stärke 9.0 den indischen Ozean in der Nähe von Sumatra und löste eine Welle tödlicher Tsunamis aus – eine der verheerendsten Naturkatastrophen seit Menschengedenken. Etwa 150 000 Menschen kamen in verschiedenen Ländern Asiens – vor allem in Indonesien, Sri Lanka und Indien – ums Leben, 5 Millionen wurden obdachlos. Ende 2005 erschüttert ein schweres Erdbeben Pakistan und reisst über 95000 Menschen in den Tod.

Gegenkulturelle und bewusstseinserweiternde Entwicklungen

Es ist nicht leicht, in der gegenwärtigen Weltlage irgendwelche Zeichen einer Bewusstseinserweiterung oder eine Stärke der Gegenkultur zu entdecken. Es gab eine grosse Anti-Kriegs-Bewegung: die grösste in der Weltgeschichte – aber die Vereinigten Staaten marschierten dennoch in den Irak ein. Es gab und gibt energische internationale Proteste für mehr ökonomische Gerechtigkeit und Fairness bei den Treffen der WTO und anderer Institutionen der ökonomischen Globalisierung – doch die Welthandelsorganisation, der Weltwährungsfond und die Weltbank setzen ihre neokolonialistische Politik fort. Die Länder der südlichen Halbkugel beginnen ihre eigenen Handelsblöcke und Vereinbarungen zu schaffen, um der Beherrschung durch die Vereinigten Staaten zu entkommen. Dennoch geht die Schere zwischen Arm und Reich immer weiter auseinander und die globale Ökonomie steht auf der Kippe eines massiven Kollaps.

Einige historische „Vorreiter" der globalen Bewegung für Gerechtigkeit und Versöhnung in den ersten fünf Jahren des neuen Jahrtausends waren: Papst Johannes Paul II., der nach Israel fuhr und sich für die Sünden der römisch-katholischen Kirche an den Juden entschuldigte; die südafrikanische Truth and Reconciliation Commission geht den schweren Pfad der Versöhnung durch Wahrheit sprechende juristische Rituale. Der frühere jugoslawische Präsident Milosevic, berüchtigt für die ethnischen Säuberungen von Nicht-Serben im Kosovo, wird als erster Staatschef vor den Internationalen Kriegsverbrecher-Gerichtshof in Den Haag gestellt; der frühere Diktator Chiles Augusto Pinochet wird an Chile ausgeliefert und zusammen mit anderen Militärführern der Folter, der Entführung und des Mordes an Tausenden während des Regimes seiner Junta angeklagt.

Wissenschaftliche Forschung und Theorie erweitern die Grenzen des Bekannten in die unendlichen Bereiche des Unbekannten. 2003 verkünden Physiker offiziell die Existenz von „dunkler Materie", die auch „dunkle Energie" genannt wird und nicht beobachtet, sondern nur indirekt festgestellt werden kann. Alle bisher bekannten und beobachteten Partikel geben Licht ab oder reflektieren es. Doch diese beobachtbaren Partikel machen nur 4% des Universums aus, die verbleibenden 96 % bildet die „dunkle Materie". Die Weltraumforschung und die Suche nach Leben auf dem Mars machen einen gewaltigen Schritt, als die Marssonde „Odyssey" grosse Rückstände von Eis direkt unter der Oberfläche findet, was bedeutet, dass sich dort Leben entwickelt haben könnte.

Eine internationale Gruppe von Genforschern, das „Human Genom Projekt", kündigt einen wissenschaftlichen Durchbruch an: sie haben den gesamten genetischen Code eines menschlichen Chromosoms aufgezeichnet, was zahlreiche medizinische, rechtliche und ethische Fragen aufwirft, nachdem wissenschaftliche Einrichtungen und Medizinkonzerne in den Wettstreit eingetreten sind, profitbale Anwendungen dieser neuen Technologien zu finden.

Was den psychedelischen und entheogenen Untergrund betrifft, gibt es hier und da kleine hoffnungsvolle Zeichen einer grösseren Offenheit für medizinische Forschungen mit psychedelischen Substanzen (siehe: www.maps.org; und www.heffter.org). Aber es gibt keine Anzeichen dafür, dass Mainstreamkultur und Medienkonzerne vom prohibitionistischen „War on Drugs" ablassen könnten. Der tieferliegende eigentliche Zweck des Drogenkriegs ist vergleichbar mit dem Krieg gegen den Terror: der Bevölkerung Angst einzuflössen, vor allem der Mittelklasse, die zu ängstlich ist, um eigene Entscheidungen zu treffen und zu ihrem Schutz nach „Autoritäten" ruft. Das Klima der Angst ermöglicht dann die Einführung und Erhaltung von „Sicherheitsmassnahmen" und Gefängnissen: diese „Sicherheitsmassnahmen" eröffnen nicht nur die Möglichkeit der Profiterzielung sondern auch der stärkeren Kontrolle dissidenter Bevölkerungsgruppen.

Der Journalist William Blum schreibt in seinem Buch Rogue State:
„Offen und verdeckt, legal und illegal hat der militärisch-industrielle Komplex die Kräfte mit dem industriellen Komplex des Strafvollzugs verbunden sowie mit dem allgegenwärtigen nationalen polizeilichen Komplex, die alle eng mit dem Krieg gegen Drogen verbunden sind – und dem amerikanischen Volk und der Verfassung den Krieg erklärt haben." (Blum, 2000; S.247)

Vielleicht ist die allerbemerkenswerteste Entwicklung der Bewusstseinserweiterung in unserer Zeit *die weltweit beständig wachsende Enthüllung über Beobachtungen von Ufos und ausserirdische Kontakte.* Mit den 90er Jahren, nach dem Kollaps der Sowjetunion, war der Vorwand geheimer Pläne für den Kalten Krieg mehr als hinfällig geworden. Eine wachsende Zahl von ehemaligen Militär- und Nachrichten-Insider haben sich insgeheim entschlossen, ihre Zeugenberichte unabhängigen Forschern mitzuteilen. Die durchgängig sich zeigende Übereinstimmung dieser offiziellen Zeugnisse mit den Forschungen dieser Art ist in doppelter Weise frappant: (1): Die Erde wird besucht und beobachtet (nicht überfallen) von einer Zahl (einige behaupten von Dutzenden) ausserirdischer Zivilisationen – aus unterschiedlichen Antrieben. Einige von diesen ausserirdischen Zivilisationen sind schon etwa seit hundert oder sogar tausend Jahren da, soweit die Zeugenberichte verlässlich sind. Und (2): Ultra-geheime Gruppen, unter Einschluss des Militärs und der Nachrichtendienste, konspirieren darin, das Wissen über die Ufos und die Ausserirdischen vor der Gesellschaft geheim zu halten, um die fortschrittliche Technik der Raumfahrtsplanung und Raumschiffsentwicklung und die Kontakte zu den Ausserirdischen zum Zwecke der militärischen Herrschaft zu nutzen. Sollte sich einmal der Schleier des Regierungsgeheimnisses und dessen bewusst gestreute Fehlinformationen lichten, dann wird früher oder später die Zeit dafür gekommen sein, dass weltweit – ob nolens oder volens! – das Vorhandensein wissenschaftlich und technologisch hochentwickelter ausserirdischer Zivilisationen öffentlich und in aller Bewusstheit anerkannt werde, und ebenso sicher soll bekannt gemacht werden, dass diese so hochentwickelten Zivilisationen die Erde von anderen Planeten aus besuchen. Denn wie anders, denn so? Der allerentscheidendste Punkt aber ist der, dass die Anerkennung der wissenschaftlichen und technischen Überlegenheit der Ausserirdischen mit zwingender Logik aus der Anerkennung ihres blossen Vorhandenseins folgt oder vielmehr aus der einfachen Tatsache folgen muss, da sie ja hier – hier bei uns auf der saftigen grünen Erde weilen! (Also müssen sie mit umso stringenterer logischer Schlussfolgerichtigkeit unendlich intelligentere Wesen sein als wir, sonst hätten sie niemals den Weg zu unseren saftigen Weidegründen gefunden – während wir gerade erst einmal vor einem Menschenalter unseren Fuss auf den Mond gesetzt haben!) Obschon die Anerkennung dieser Tatsache für zahllose Individuen sich schon augenscheinlich bewiesen hat, so wird es, wenn diese Tatsache endlich einmal entschieden öffentlich anerkannt wird – und wie sollte sie nicht? – ohne jede Frage die stupendeste Bewusstseinserweiterung in der Geschichte der Zivilisation geben... (Greer, 1999; Mack, 1999; Krapf, 2001; Salla, 2004)

Zusammenbruch oder neuer Anfang?

„Faschismus" ist definiert als Diktatur einer Oligarchie, in der die Führerschaft von Regierung, Konzernen und Militär verschmolzen ist. „Imperialismus" wird definiert als die Ausweitung nationaler Autorität und Herrschaft auf andere Nationen mit militärischen und ökonomischen Mitteln. Und genau das ist explizit und öffentlich bekundet die Politik der gegenwärtigen neo-konservativen US-Regierung. Der „Export von Demokratie" und der „Regimewechsel" sind die Nebelkerzenphrasen für Militärinterventionen, mit denen die Unterwerfung unter amerikanische Konzerninteressen erzwungen wird. Der so genannte „Freihandel" ist die Nebelkerzenphrase für neo-kolonialistische Vorhaben, einen freien Fluss des Finanzkapitals zu sichern und jede Kontrolle zugunsten der Arbeiterschaft und des Umweltschutzes zu eliminieren. Im Namen der Markterweiterung und der Kontrolle natürlicher Ressourcen erleben wir die unverhohlene Aufweichung demokratischer Praktiken, die Missachtung internationaler Gesetze, den Abbau von Bürgerrechten und die Ausübung von Staatsterrorismus zur Durchsetzung politischer Ziele. Wie ist die gegenwärtige Lage? Mit der Wahl von George W. Bush in einem *Coup d'État* des Supreme Court im Jahr 2000, dem Beginn präventiver Kriege gegen Nationen, die einfach „terroristisch" genannt werden, sowie mit der betrügerischen Wiederwahl im Jahr 2004, werden die Konturen des Imperium Americanum mehr und mehr enthüllt. Es ist Faschismus nach innen und Imperialismus nach aussen.

Wir leben in einem gefährlich ausser Kontrolle geratenen, faschistischen und imperialistischen Schurkenstaat, der sich arrogant anmasst, die Welt zu führen und gleichzeitig die massive Zerstörung der Umwelt ebenso missachtet wie die Anzeichen für einen Klimawandel, der die ganze Zivilisation bedrohen kann. Die am stärksten bewaffnete Nation der Welt, die gleichzeitig auch der grösste Waffenlieferant ist, führt global offene und verdeckte militärische Operationen, um die schwindenden Energiereserven zu sichern. Ein weiteres Zeichen für die wachsende Instabilität ist der zunehmende Einfluss des religiösen Fundamentalismus auf Regierungen – christliche Fundamentalisten in den USA, jüdische Fundamentalisten in Israel und islamische Fundamentalisten in den arabischen Ländern.

Die Anschläge des 11. September im Jahre 2001 lieferten den gewalttätigen äusseren Schock für die amerikanische sowie die globale Ökonomie und politische Ordnung, ebenso als auf die kollektive Psyche der gesamten westlichen Zivilisation. Aus meiner Sicht wird dieser Schock noch schlimmere Auswirkungen haben, wenn enthüllt und öffentlich wahrgenommen wird, dass diese Anschläge nicht nur benutzt wurden, um für die amerikanischen Bürger ein Klima der Angst zu erzeugen und unbegrenzte militärische Interventionen rund um die Erde zu rechtfertigen, sondern dass sie von einer Schatten-Verschwörung innerhalb der US-Regierung geplant und ausgeführt wurde, um die Herrschaftsambitionen und die Kontrolle über die schwindenden Energiereserven zu fördern.

Werden diese Schockereignisse, wie die Ermordungen fortschrittlicher Führer in den 1960er Jahren, letztlich den Effekt einer Stärkung der kulturellen Bewegungen der Bewusstseinstransformation haben? Es ist wahr, dass alle die Bewegungen, die wir identifiziert haben, immer noch stark voranschreiten, auch wenn diese Trends in anderen Ländern sichtbarer und fortgeschrittener sind als in den USA, wo sie nur auf bestimmten sub-kulturellen Ebenen fortdauern. Es gibt eine globale Bewegung gegen den Krieg und für Frieden; für den Schutz und Erhalt der Umwelt; für die Gleichberechtigung von Frauen und Kindern; zur Anerkennung der Verschiedenheit sexueller Orientierungen; eine blühende, unglaublich reiche globale Kultur auf den Gebieten der Kunst, der Kommunikation, des Films, der Musik und der Lebensstile: man könnte sagen, dass unser erhöhtes Wissen über unsere ausser-planetarische Umgebung, die wissenschaftlichen Missionen der Raumfahrt und die evolutionäre Kosmologie eine grosse Erweiterung des kollektiven Bewusstseins bedeuten.

Es gibt wachsende Hinweise, dass weitere erstaunliche Enthüllungen über die Gegenwart ausserirdischer Zivilisationen in unserem Planetensystem kommen werden. Wenn dies geschieht, wird es für die menschliche Zivilisation auf Erden möglich sein, bewusst in das sich entwickelnde Netzwerk der Zivilisationen innerhalb und ausserhalb unserer Galaxie einzutreten. Es ist meine innerste Überzeugung, dass ein solcher kollektiver Übergang nicht möglich sein wird, bis wir den Gewaltverzicht als unseres Grundprinzip zur Lösung unserer Konflikte handhaben und in vollumfänglichen Masse als solches Prinzip festsetzen.

Was die hohen Einsätze im kosmischen Spiel planetarer Katastrophen betrifft, hat die Erde eine (oder mehrere) Trumpfkarten: ökologische Desaster könnten sich in einem Mass ereignen, das sämtliche finanziellen und technologischen Anstrengungen sich auf deren Behebung richten. Tatsächlich gab es schon die ersten Mega-Katastrophen, die nationale Kapazitäten überfordern und die Grundsolidarität normaler Menschen überall an den Tag bringen. Natürlich macht es keinen Sinn, zu warten, bis diese Karte gespielt wird.

Das allgemeine Prinzip, das hier am Werk ist, könnte ungefähr so aussehen: wenn die unterdrückenden und beherrschenden Kräfte der herrschenden Klasse in einer Gesellschaft wachsen, tun dies die Kräfte des Widerstands, der Revolution und Befreiung ebenso. Das Wachstum des Widerstands und der Gegenkultur führt seinerseits zu mehr Unterdrückung und Dominanz – „Das Imperium schlägt zurück". Diese Bewegungen gehen vor und zurück – mit zwei möglichen Ausgängen: einer ist, dass die unterdrückenden Kräfte die Oberhand gewinnen und die ungehorsame Widerstandskultur ausrottet – dies wäre das Völkermord-Szenario, wie es das Beispiel der eingeborenen Völker Amerikas zeigte. Ein zweiter möglicher Ausgang wäre, dass die dominierende Gruppe militärisch besiegt wird, wie Nazideutschland oder an ihrer internen und ökonomischen Schwäche kollabiert wie die Sowjetunion. Ein dritter möglicher Ausgang wäre Synergie – der Weg, den die verschiedenen Gruppen oder Parteien zu einer gewaltlosen Lösung finden, das System öffnet sich und antwortet auf Feedback, Hierachien der Ungleichheit werden schrittweise abgebaut: es gibt eine Wendung des Massenbewusstseins zu ökonomischer Gerechtigkeit, gegenseitigem Respekt, Kooperation und ökologischer Nachhaltigkeit.

Die Individuen, die mehr an dieser dritten Alternative interessiert sind – am Erhalt des Lebens, des menschlichen und des nicht-menschlichen, in alle seiner erstaunlichen Vielfalt und Schönheit – anstatt an der Vergrösserung persönlicher Macht und von Reichtum, haben dieselben Möglichkeiten, die sie immer hatten: die Fähigkeit, sich in ein erweitertes, erwachtes Bewusstsein zu begeben, in die Klarheit und Stärke des Willens und der Hingabe und in den Mut und die Kreativität, eine Vision zu verwirklichen – nach dem Motto, unter dem sich Tausende jährlich zum World Social Forum versammeln: Eine andere Welt ist möglich.

Ausgewählte Quellen

Blum, William – Rogue State (Common Courage Press, 2000)

Griffin, David Ray and Scott, Peter Dale (editors) – 9/11 and American Empire (Olive Branch Press, Interlink Publishing, 2007)

Grof, Stanislav – The Psychology of the Future (Albany, NY University, 2000)

Heinberg, Richard – Power Down (New Society Publishers, 2004)

Markoff, John – What the Dormouse Said (Penguin Viking, 2005)

Metzner, Ralph – Green Psychology (Inner Traditions International, 1999)

Ruppert, Michael – Crossing the Rubicon (New Society Publishers, 2004)

Scott, Peter Dale – Drugs, Oil and War (Rowan & Littlefield Publishers, 2003)

Tarnas, Richard – Cosmos and Psyche (Viking, 2006)

Der Autor

Ralph Metzner

Ralph Metzner promovierte in den Sechziger Jahren in Oxford und Harvard zum Doktor der Philosophie und der klinischen Psychologie. Metzner ist ein Urgestein der psychedelischen Forschung: Zusammen mit Timothy Leary und Richard Alpert war er an einer Studie im Rahmen eines Psilocybin-Forschungsprojekts an der Harvard Universität beteiligt. Während den Siebziger Jahren widmete er sich zehn Jahre lang intensiv dem Agni Yoga, einem Meditations-System, bei dem das Prinzip von Feuer und Licht in geistige Energie verwandelt wird. Er schrieb in den letzten dreissig Jahren zahlreiche Bücher und Publikationen zur psychedelischen Bewusstseinsforschung. Heute leitet er als Professor am Institute of Integral Studies in Kalifornien Lernkurse für veränderte Bewusstseinszustände; daneben führt er eine psychotherapeutische Praxis. Ralph Metzner gilt heute international als einer der besten Kenner der ganzheitlichen Psychologie.

Green Earth Foundation

Harmonisierung der Menschheit mit Erde und Geist

Die Stiftung Green Earth Foundation ist eine gemeinnützige Organisation für Aufklärung und Forschung, die sich der Heilung und der Harmonisierung der Beziehungen der Menschheit zur Erde widmet, einschliesslich der Erkenntnis der energetischen und spirituellen Vernetzung aller Formen des Lebens in allen Welten. Unsere strategischen Ziele dienen der Änderung unserer Einstellungen, Werte, Wahrnehmungen und Weltanschauungen und gründen auf ökologischem Gleichgewicht und der Achtung für die Unversehrtheit allen Lebens.

Der Bereich unserer Forschungsinteressen umfasst Bewusstseins-Studien, Schamanismus und Erd-Mythologie, grüne und Öko-Psychologie. Die Green Earth Foundation fördert auch das Metzner Alchemical Divination®-Trainingsprogramm.

Die Green Earth Foundation unterstützt die Publikationen von Ralph Metzner sowie die Online-Kurse *Understanding and Navigating Your States of Consciousness* und *Finding the Pathways of the Soul in the World.* Diese Kurse in englischer Sprache sind offen für alle und stehen nach dem Kurs zum Download bereit. Auf der Website der Green Earth Foundation kann man sich für Online-Kurse und News zu Veröffentlichungen von Ralph Metzner einschreiben.

Green Earth Foundation
www.greenearthfound.org

Ralph Metzner im Nachtschatten Verlag

Die Erweiterung des Bewusstseins
Alchemistische Transformation des Individuums und der Gesellschaft

Essay I: Albert Hofmann, LSD und die Suche nach dem alchemistischen Stein der WeisenEssay II: Erweiterungen des Kollektiven Bewusstseins seit dem Ende des Zweiten WeltkriegeS

ISBN 978-3-03788-162-0, 80 Seiten, 14 x 21 cm, Broschur

Alchemistische Divination
Heilung und Führung durch den Zugang zur spirituellen Intelligenz

In diesem Buch geht es darum, Individuen dabei zu helfen, Problemlö-sunge und Inspiration für die Zukunft zu finden - auf zwischenmensch-licher, beruflcher, kreativer und spiritueller Ebene.

ISBN 978-3-03788-196-5, 152 Seiten, 14 x 21 cm, Broschur

Die Wurzeln von Krieg und Herrschaft

Herrschaftliches Verhalten, der Gebrauch von Gewalt zur Kontrolle ande-rer, destabilisiert und zerstört Familien, Gruppen und Gemeinschaften. Auf internationaler Ebene bedeutet aggressive Herrschaft Krieg und den Zusammenbruch der zivilen Ordnung. Interessante Betrachtungen der Wurzeln dieses Übels.

ISBN 978-3-03788-180-4, 100 Seiten, 14 x 21 cm, Broschur

NACHTSCHATTEN VERLAG

Kronengasse 11 | CH-4500 Solothurn | Telefon 0041 32 621 89 49 | Telefax 0041 32 621 89 47
info@nachtschatten.ch | www.nachtschattenverlag.ch

Der Lebenszyklus der Menschenseele

Inkarnation - Empfängnis - Geburt - Tod - Jenseits - Reinkarnation

In diesem Buch behandelt Ralph Metzner die Erfahrungen der Geburt und des pränatalen Lebens, die unbewussten psychischen Prägungen der Empfängnis, die Entscheidung der Seele für eine menschliche Wiederge-burt und die Verbindung mit den familiären Vorfahren.

ISBN 978-3-03788-267-2, 145 Seiten, 14 x 21 cm, Broschur

Raum des Geistes - Strom der Zeit

Wie man seine Bewusstseinszustände verstehen und navigieren kann

Dieses Buch zeigt Grundlegendes aus Ralph Metzners fast 50jähriger Tätigkeit in Forschung, Psychotherapie, schamanistischer und yogischer Praxis, sowie seiner Lehrtätigkeit über die Bedeutung der sich verän-dernden Bewusstseinszustände für die psychische Gesundheit und das spirituelle Wachstum.

ISBN 978-3-03788-202-3, 168 Seiten, 14 x 21 cm, Broschur

Die sechs Lebenswege

Heiler/Friedensstifter, Forscher/Wissenschaftler, Krieger/Beschützer,- Künstler/Musiker, Lehrer/Historiker, Erbauer/Organisator

Als menschliche Seele inkarniert sich jeder von uns mit einem bestimmten Ziel, einer Intention oder Vision für dieses Leben. Die Seele wählt einen oder mehrere der sechs wichtigsten archetypischen Lebenswege in der Gesellschaft aus.

ISBN 978-3-03788-282-5, 150 Seiten, 14 x 21 cm, Broschur

Albert Hofmann
im Nachtschatten Verlag

Einsichten – Ausblicke
Essays

Welches ist die wahre Wirklichkeit? Das nüchterne Weltbild des Naturwissenschaftlers oder das rauschhafte des Mystikers? Eigene spontane und drogeninduzierte mystische Erlebnisse drängten den Entdecker des LSD, dieser Frage nachzugehen. Dieses Buch ist laut Albert Hofmann «der Kern meiner Weltanschauung».

ISBN 978-3-03788-157-6, 158 Seiten, 11,5 x 17,5 cm, Pappband

Tun und Lassen
Essays, Gedanken und Gedichte

Nur drei Buchstaben werden gewöhnlich mit Albert Hofmann verbunden: LSD. Diese Sammlung von bisher unveröffentlichten Gedichten, Vorträgen und Aphorismen und zeitlosen Gedanken ist Zeugnis einer Persönlichkeit, eines aufrichtigen Wissenschaftlers, der weit über den Kreis seines Tuns hinausgedacht hat. Klar, einfach und voller Wahrheit sind die in diesem Buch gesammelten Gedanken, die aus seinem Schaffen und den vielfältigen Kontakten heraus entstanden sind.

IISBN 978-3-03788-242-9, 84 Seiten, 18 x 18 cm, Broschur

Mathias Bröckers, Roger Liggenstorfer (Hrsg.)

Hofmanns Reisen
Innere und äussere Reisen des LSD-Entdeckers Albert Hofmann

Bedeutende Momente im bewegten Leben des grossen Schweizer Wissenschaftlers und Entdeckers des LSD werden in diesem Hörspiel nachempfunden und reflektiert. Hofmanns «äussere Reisen», wie die nach Mexiko oder Griechenland, sowie seine «inneren Reisen», im Kreise seiner Freunde und Co-Psychonauten, finden ebenso Platz in dieser Produktion wie die Worte der Laudatoren Ralph Metzner, Mathias Bröckers und Roger Liggenstorfer.

ISBN 978-3-03788-201-6, Hörbuch im CD-Format, Spieldauer: 73 min
Produktion: Audioflow

NACHTSCHATTEN VERLAG

Kronengasse 11 | CH-4500 Solothurn | Telefon 0041 32 621 89 49 | Telefax 0041 32 621 89 47
info@nachtschatten.ch | www.nachtschattenverlag.ch

Hagenbach Dieter / Werthmüller Lucius

Albert Hofmann und sein LSD

Ein bewegtes Leben und eine bedeutende Entdeckung

Albert Hofmann ist zweifellos der bekannteste Chemiker des 20. Jahrhunderts, und seine Entdeckung des LSD hatte einen prägenden Einfluss auf Wissenschaft, Gesellschaft und Kultur. Die psychedelische Wirkung der geheimnisvollen Substanz hatte Hofmann 1943 bei einem Selbstversuch auf seiner legendären Fahrradfahrt erfahren.

ISBN: 978-3-03800-530-8, 406 Seiten, 16,5 x 22,5 cm, über 500 Abb.

Mathias Bröckers, Roger Liggenstorfer (Hrsg.)

Albert Hofmann und die Entdeckung des LSD

Auf dem Weg nach Eleusis

Das Buch enthält die wichtigsten Texte und Vorträge Albert Hofmanns sowie Beiträge von R. Metzner, G. Amendt, W.-D. Storl, M. J. Stolaroff, C. Müller-Ebeling, C. Rätsch, J. Ott und vielen weiteren Zeitgenossen. Eröffnet wird der Band mit einem beeindruckenden Interview, das die Herausgeber im Sommer 2005 mit Albert Hofmann führten.

ISBN 978-3-03788-241-2, 180 Seiten, 17,5 x 24,8 cm, kartoniert

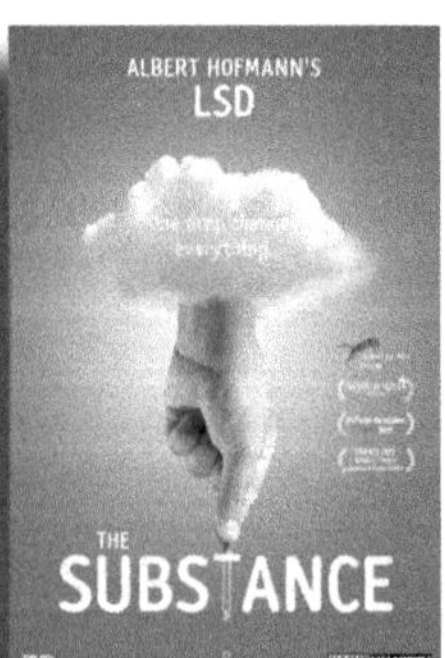

Eine Ventura-Film-Produktion

The Substance – Albert Hofmann's LSD

One Drop changes everything

Der Film erzählt die LSD-Geschichte von ihren Anfängen bis heute. In z.T. bisher unveröffentlichtem Filmmaterial werden die Helden von damals wie Tim Leary, Jimi Hendrix u.a. wieder lebendig.

ISBN 978-03788-271-9, DVD, 93 min. Spieldauer, D/E/F/I

NACHTSCHATTEN VERLAG

Kronengasse 11 | CH-4500 Solothurn | Telefon 0041 32 621 89 49 | Telefax 0041 32 621 89 47
info@nachtschatten.ch | www.nachtschattenverlag.ch